Christian Saehrendt

BLAMAGE!

GESCHICHTE DER PEINLICHKEIT

BLOOMSBURY BERLIN

FSC
www.fsc.org
MIX
Papier aus ver-
antwortungsvollen
Quellen
FSC® C083411

© 2012 Bloomsbury Verlag GmbH, Berlin
Alle Rechte vorbehalten
Umschlaggestaltung: Rothfos & Gabler, Hamburg
Gesetzt aus der Simoncini Garamond
von hanseatenSatz-bremen, Bremen
Druck und Bindung: CPI – Clausen & Bosse, Leck
Printed in Germany
ISBN 978-3-8270-1064-3
www.bloomsbury-verlag.de

B L O O M S B U R Y
LONDON • BERLIN • NEW YORK • SYDNEY

Inhalt

VORWORT

Leben wir in einer Gesellschaft, in der nichts mehr peinlich ist, in einem »Zeitalter der Schamlosigkeit«? Die A- und die B-Prominenten machen es vor: ungebremster Exhibitionismus und öffentlicher Seelenstrip; das Intime, Private wird auf allen Kanälen in marktschreierischer Lautstärke diskutiert. Fehler, Inkompetenz oder opportunistische Kurswechsel werden von dreisten Politikern oder Managern als Beweise von Flexibilität und strategischer Weitsicht umgedeutet. Die wahre Epidemie der Hochstapelei, die wir in den letzten Jahren erleben konnten, setzte diesem Trend die Krone auf: Schwindler, Bluffer und Blender, die, nachdem sie aufgeflogen waren, nicht etwa klein beigaben, sondern alles an sich abperlen ließen und einfach an einer anderen Stelle weitermachten, im nächsten Job, beim nächsten Immobilienfonds, im nächsten Aufsichtsrat, im nächsten Think-Tank … Man könnte ja meinen: Wer hoch stapelt, fällt besonders tief und müsse dann vor Scham in der Versenkung bleiben – doch ist offenbar das Gegenteil der Fall. Leben wir inzwischen in einer Gesellschaft von Egomanen, denen jedes Empfinden für Peinlichkeit, jedes Schamgefühl abgeht, von Leuten, die weder ein realistisches Bild von sich selbst noch von ihrer sozialen Umgebung haben? Stellen Typen, denen nichts mehr peinlich ist, inzwischen die breite Mehrheit?

Andererseits (und das wird oft vergessen) wächst aber auch die Zahl der peinlich Berührten, der Schüchternen. *Die Zeit* titelte im Herbst 2011 gar schon: »Die Angst vorm Fettnäpfchen ist allgegenwärtig« und schrieb über »die Wiederkehr eines scheinbar verschwundenen Gefühls«, über eine Renaissance des Peinlichkeitsempfindens. Beide Extreme haben offenbar starken Zulauf, die unangenehm Lauten und die bedenklich Stillen, doch die extrovertierten Blender übertönen diejenigen, die sich aus der Gesellschaft zurückziehen und sich verschließen. Diese Polarisierung zeigt: Das Peinlichkeitsempfinden ist eine überaus starke Emotion. Obwohl die Schamlosigkeit ein Merkmal der neuen Promi-Elite geworden ist, das in bestimmten Kreisen als Vorbild gilt, sind viele der bescheideneren und unauffälligeren Zeitgenossen sehr wohl darum besorgt, Peinlichkeiten im Alltag zu vermeiden. Und es gibt sogar nicht wenige, bei denen die Panik vor der Peinlichkeit so groß wird, dass sie vollkommen lähmend und bremsend wirkt. Die Betroffenen fürchten sich dann vor jeder Situation, in der sie von anderen beobachtet und bewertet werden könnten, sie fürchten, zu versagen und sich lächerlich zu machen, vermeiden jede Art von Risiko und steigern sich zum Teil in absurde Ängste hinein.

Doch was ist Peinlichkeit überhaupt? Was geschieht bei einer Blamage? Das fein gesponnene Netz von Umgangsformen, Signalen und Regeln gilt als die zweite Natur des Menschen. Überall auf der Welt, in jeder Kultur, bei jedem einzelnen Menschen ist es von Bedeutung. Die Blamage verletzt dieses Gewebe. Wir fallen hindurch, fallen aus Raum und Zeit, stellen uns im Moment des Fauxpas außerhalb der Gemeinschaft und außerhalb von uns selbst und denken: »Nein, das bin ich nicht, das kann ich nicht sein!« In Momenten wie diesen entfernt sich unser Selbstbild plötzlich von unserem Wunschbild, das wir bei anderen erzeugen wollen. Das Erleben und Bewältigen von Peinlichkeiten ist Teil jeder Persönlichkeitsentwicklung, und das Reden und Flachsen über Peinlichkeitserlebnisse ein Spaß in heiterer (und angeheiterter) Runde. Oft scheint es, dass jeder bereitwillig dazu etwas beitragen kann. Doch häufig sind es nur Tarngeschichten, harmlose Varianten oder schlichtweg erfundene Storys (besonders bei den Prominenten), hinter denen sich die wirklich drastischen Blamagen verbergen.

Auf den folgenden Seiten erwartet Sie ein imposantes Panorama peinlicher Situationen, Hunderte von Gelegenheiten, sich in allen erdenklichen Lebenslagen zu blamieren: erotische Fauxpas, Kommunikationsdesaster, unkontrollierte Körperfunktionen, katastrophale Outfits und vieles, vieles mehr. Einiges wird Ihnen bekannt vorkommen – und auch der Autor selbst hat ebenfalls etliches davon durchlitten. Dann werden wir der Frage, was Peinlichkeit überhaupt ist, auf den Grund gehen. Wie definiert sich ein Fauxpas? Wie sind solche Aussetzer und Fehlleistungen überhaupt möglich? Und was ist der Unterschied zwischen Peinlichkeitsempfinden und Scham? Anschließend begeben wir uns auf einen historischen Rundgang durch die Geschichte der Peinlichkeit – vom Hof in Versailles, wo es als populärer Zeitvertreib galt, sich gegenseitig so eloquent wie möglich zu blamieren, bis zur Ära Helmut Kohl, ein Politiker, der in den 1980ern einem ganzen Land peinlich war (und kurioserweise trotzdem immer wieder gewählt wurde). Wir unternehmen eine Weltreise zu den Fettnäpfchen, die überall auf dem Globus auf uns warten (oder hopsen elegant an ihnen vorbei). Und natürlich werfen wir einen Blick auf die peinlich enthüllten Reichen, Mächtigen und Berühmten. Häme und Schadenfreude liegen diesem Buch selbstverständlich fern (es sei denn, jemand hat es wirklich verdient), stattdessen übt der Autor auf mitfühlende und humorvolle Weise Solidarität mit allen peinlich berührten Leserinnen und Lesern. Letztlich ist dieses Kompendium ja auch als therapeutische Alltagshilfe und Ermutigung für alle Schüchternen gedacht. Denn am Ende der Lektüre stellt sich die berechtigte Frage: Lohnt sich die Mühe, alle erdenklichen Blamagen zu verhindern? Lohnt sich unser Streben nach Perfektion in Sachen Verhalten, Style und Sitten? Lohnt es sich überhaupt, cool zu werden?

KAPITEL I

PANORAMA DER PEINLICHKEITEN I – FLIRTEN & FEIERN

Flirtdebakel – Pannen auf dem Feld der Liebe

Der Flirt, das Werben, die erste zarte Kontaktaufnahme – hier lauern unzählige Gelegenheiten, sich lächerlich zu machen. Auch die Promis kennen das. Harald Schmidt etwa beschrieb in der Zeitschrift *Stern* sein Jugend-Dilemma: »Scheiße ausgesehen und nichts draufgehabt, was den Mädels imponiert hätte. Die Dates hatten die Sportstars der Schule. Hätte ich bei den Bundesjugendspielen 4000 Punkte gemacht und keine Akne gehabt, hätte ich keine Witze machen müssen.« Die britische Schauspielerin Gemma Arterton (Bondgirl in *Ein Quantum Trost*) erinnert sich in einem Interview: »Als Teenie war ich dicklich und verschroben, die Jungs schwirrten immer um andere Mädchen herum. Auch heute bin ich eher diejenige, die nervös wird, sobald sie einen Mann attraktiv findet. Generell bin ich ein Blindfisch, wenn es ums Flirten geht.« Besonders heikel sind die ersten Annäherungsversuche in der Jugend. Barack Obama etwa denkt in seiner Autobiografie *Dreams from my father* an ein Mädchen in seiner Schulzeit zurück: »Coretta, so hieß sie, war bisher die einzige Schwarze in der Klasse gewesen. Sie war dick und hatte wohl nicht viele Freunde.« Nach einem harmlosen Fangspiel mit ihr auf dem Pausenhof zeigten plötzlich die Kinder auf das Paar und riefen Barry zu: »Coretta hat einen Freund! Warum küsst du sie nicht, los, mach schon!« Barack, dem die Sache mit dem uncoolen Mädchen nun höchst peinlich war, erklärte laut: »Ich bin nicht ihr Freund!« und stieß Coretta von sich. Dennoch fühlte er sich wie ein Verräter: »Den ganzen Nachmittag musste ich an Corettas Gesichtsausdruck denken, diese Mischung aus Enttäuschung und Vorwurf.« Auf den folgenden Seiten finden Leserinnen und Leser zahlreiche Beispiele desaströser Flirtunfälle.

Peinliche Anmachsprüche

Primitive, veraltete oder affektierte Anmachsprüche sind hochgradig lächerlich. Routinierte Womanizer sind allerdings davon überzeugt, dass es auf den Inhalt der Sprüche eigentlich gar nicht ankommt. Wenn die Chemie stimmt, ist per Blickkontakt bereits alles klargemacht; was man sagt, ist dann egal, Hauptsache, man sagt irgendwas.

Allzu routinierte Galanterie

Blumenstrauß, Tür aufhalten, Küss die Hand, gnädige Frau – Formvollendung alter Schule kann beeindrucken, muss aber gekonnt sein: Nichts ist schlimmer, als beim Handkuss die Lippen sabbernd aufzusetzen oder beim Feuergeben den Fransenpony der Dame zu versengen. Oder ihr noch unbeholfen in den Mantel hineinhelfen wollen, während sie schon patzig sagt: »Das kann ich selber!«

Im Übrigen: Der perfekte Galan hat ja auch etwas Langweiliges, geradezu verdächtig Routiniertes. Stattdessen gehören zu einem wirklich überzeugenden Flirt paradoxerweise auch einige wohldosierte Peinlichkeiten, die der Angebeteten die Authentizität einer aufgewühlten Gefühlswelt suggerieren: Erröten, Stammeln, lächerlich unpassende Komplimente oder mit ungelenken Worten formulierte Einladungen. Fehlleistungen können eben auch eine charmante Seite haben.

Angeber am Tresen, eitle Affen und Aufreißer

zeichnen sich u. a. dadurch aus:

- den Ferrari direkt vor der Bar im absoluten Halteverbot zu parken
- den Barmann lautstark mit Vornamen zu rufen und quer durch den Laden zu dröhnen: »Charles, machste mir 'n Pils?!«
- die teure Uhr penetrant in Szene zu setzen
- Ladys unaufgefordert Hochprozentiges via Barmann zu spendieren (»Der Drink kommt von dem Herrn da drüben!«) und tiefe Dankbarkeit zu erwarten
- extreme Eitelkeit: »Ich kann an keinem Spiegel vorbeigehen, ohne mein Aussehen zu überprüfen«, gibt Beau Justin Timberlake unumwunden zu, um in Sachen peinliche Eitelkeit noch eins draufzusetzen: »Meine Hose sitzt so eng, dass es sich anfühlt, als hätte ich Sex mit mir selbst.«[1]

Nicht tanzen können

Früher gingen noch ganze Jahrgänge in die Tanzschule, um dort mannigfaltige Peinlichkeiten durchzustehen (der Autor erinnert sich noch an seine eigenen, ungelenken Schritte in der Tanzschule, an die schwitzigen Hände auf dem Rücken der Partnerin, den buchstäblichen Mangel an Taktgefühl, den verbissen zu Boden gesenkten Blick, weil er sich voll auf die Schritte konzentrieren musste, furchtbar, furchtbar). Der Paartanz, traditionellerweise die einzige legitime, weil streng ritualisierte Möglichkeit, körperlich zu flirten, wird heute nur noch von einer Minderheit beherrscht. Kommt man doch einmal zu einer Veranstaltung, wo alle Walzer, Salsa oder Tango tanzen, steht man peinlich isoliert am Rand und muss sich im gefürchteten Fall einer Aufforderung irgendeine Ausrede ausdenken (»Richtige Kerle tanzen nicht«, »Bin total fertig, brauche jetzt eine Pause!« usw.).

Allerdings bedeutet Tanzfreude nicht zwangsläufig, als attraktiv wahrgenommen zu werden – dies musste auch der spätere US-Präsident Bill Clinton in jungen Jahren feststellen: »Ich liebte Rock ’n’ Roll und tanzte überhaupt sehr gerne, auch wenn ich immer noch dick, uncool und bei den Mädchen nicht gerade angesagt war« – so Bills O-Ton in seiner Autobiografie *Mein Leben*.

Schlecht tanzen

Überaus peinlich ist es generell, seine Fähigkeiten auf dem Parkett zu überschätzen, sowie im Besonderen:

- aus dem Takt zu kommen, bzw. nie in den Takt hineinzukommen
- ohne Kenntnis der Schrittfolgen die Führung zu übernehmen
- der Partnerin auf den Kleidsaum zu treten (der dann mit lautem Krachen reißt)

- mangelnde Schrittfolgen durch wildes Herumwirbeln zu kompensieren
- andere Paare anzurempeln (der gefürchtete Autoskooter-Modus; auch *Robocop*-Tanzstil genannt).

Zu eng tanzen

Rettung für alle, die keine Schrittabfolgen beherrschen, Höhepunkt manch einer Jugendtanzveranstaltung, unangenehm, wenn einem der Tanzpartner eigentlich gar nicht behagt. Schauspieler Jan-Josef Liefers erinnert sich in seiner Autobiografie *Soundtrack meiner Kindheit* an peinliche Teenager-Feten: »Jungs und Mädchen hängten sich aneinander und hielten sich fest, als würden sie sonst auf der Stelle umfallen. Dann begannen sie, mehr oder weniger im Takt hin und her zu schwanken wie in dem Film *Nur Pferden gibt man den Gnadenschuss …*«

Beim Date versetzt werden

Schlimm für all diejenigen, die im Restaurant allein am Tisch sitzen bleiben, oder in diesem Zustand von Freunden gesehen werden, tapfer, mit den Tränen ringend oder verzweifelt alle paar Minuten aufs Telefondisplay oder zur Tür blickend. Dass es sich bisweilen zu warten lohnt, bewies Tennis-Legende Boris Becker. Beim zweiten Date verspätete sich Barbara um schlappe 90 Minuten. Boris erinnert sich in seiner Autobiografie *Augenblick, verweile doch* daran: »Ich wartete – sie war die Frau, die ich haben wollte.« Ihre notorische Unpünktlichkeit soll später ein wesentlicher Grund dafür gewesen sein, dass sich das Traumpaar Boris & Babs wieder trennte.

Online top – im echten Leben: flop

Peinlich wird's, wenn man sich online viel jünger, schlanker, gesünder gemacht hat und nun die erste echte Face-to-face-Begegnung ansteht. Wie soll man sich dann herausreden (»Hatte nur ein altes Foto zur Hand/Habe letzte Woche 30 kg zugenommen/Hab gestern angefangen, Kette zu rauchen«)?

Date-Desaster

Ein desaströs verlaufendes Date verursacht, wer
- immer wieder von der oder dem Ex erzählt
- das Leiden an der eigenen Einsamkeit dauern hervorhebt
- beim ersten Date von Heirat spricht
- sexistische Sprüche klopft
- unaufhörlich von den eigenen beruflichen oder persönlichen Heldentaten spricht
- ausufernde Monologe über die politische Weltlage hält
- sich am Ende des Treffens in die Wohnung der Begleitung bettelt.

Alibianrufe nach verpatztem Date

Durchsichtige Alibitreffen oder -telefonate nach einem Date, bei dem schon alles (zum Schlechten hin) entschieden wurde, zwingen zu quälenden Gesprächen, obwohl man eigentlich lieber flüchten möchte.

Plumpes Fishing for compliments

Zu viel falsche Bescheidenheit, ständiges Sich-selbst-Schlecht-machen und Kleinreden wirkt affektiert und erweckt nur den unangenehmen Eindruck, Sie gierten geradezu nach Komplimenten. Besonders peinlich, wenn diese dann ausbleiben.

Den Helden spielen

Missratene Macho-Performance: sich in Gegenwart der Dame besonders gockelhaft und aggressiv aufführen, wegen Nichtigkeiten mit anderen Streit anzetteln und dann auch noch ordentlich was auf die Birne kriegen, bis die Freundin dazwischengeht und Schlimmeres verhindert. Anschließend von ihr verarztet und getröstet werden müssen.

Abgeschmackte Verführungs-Szenarien

- IKEA-Teelichter-Kerzenmeer im Treppenhaus, anschließend Candle-Light-Dinner mit Bon-Jovi-Souonduntermalung
- Vortragen selbst verfasster Gedichte
- private amateurhafte Stripteasevorstellung
- bündelweiser Abwurf roter Rosen aus dem Helikopter
- öffentlicher Heiratsantrag (im Fernsehen, in der Südkurve des Stadions, vor versammelter Verwandtschaft).

Sabbernde Knutscher

Nicht die feine Art: übermäßig feuchte Schmatzer auf Wange oder Mund. Doch was sagt Experte Justin Timberlake dazu: »Man sollte nicht mit dem Mund küssen, sondern mit dem Herzen. Manchmal geraten Küsse zu nass, aber ich mag diese kleinen Makel, weil sie authentisch sind.«

Sexprotzereien

Oversexed & underfucked – ein Slogan, den sich diejenigen auf ein Motto-Shirt drucken lassen könnten, die unentwegt mit anzüglichen Bemerkungen, Witzchen, Blicken oder Gesten auf ihre Libido verweisen müssen, jene, die demonstrativ stets Großpackungen XXL-Kondome mit sich herumtragen und den *Playboy* auf dem Couchtisch auslegen, wenn Besuch kommt. Paradebeispiel ist der alternde Lüstling Silvio Berlusconi, der auch mal laut herumposaunt: »Nach drei Stunden Schlaf bin ich fit für drei Stunden Sex!«[2]

Auch schwer daneben:
- beim Akt eine pornomäßige Show abziehen
- lächerlich aufgesetzter Dirty-Talk
- übertriebene Stöhnerei, animalisches Schreien oder Grunzen, überhaupt: die Mitmenschen durch »zufällig« aufgelassene Zimmertüren und hohen Geräuschpegel am eigenen Vergnügen teilhaben zu lassen, um sie verlegen oder neidisch zu machen.

Nicht können

Während Frauen im Notfall Lustlosigkeit durch schauspielerische Leistungen überdecken können, ist bei Männern eine Flaute unübersehbar und umso peinlicher, je draufgängerischer sie sich zuvor benommen haben. Die tote Hose macht in Windeseile den Kerl zum Kind, schrumpft ihn zum Neutrum, *from hero to zero.* Rockbarde Udo Lindenberg erlitt dieses Fiasko im zarten Alter von sechzehn: »Sie gibt sich Mühe, ist nicht unkundig. Ich sehe ihre großen Brüste über mir. Den verächtlichen Ausdruck in ihrem Gesicht. Sie meint nur: ›Sag' mal, bist du schwul?‹ Die Frage bohrte sich in meine Seele wie ein Pfeil mit unzähligen Widerhaken. War ich schwul? Musste wohl so sein. Wie sonst konnte ein Junge im besten Zeugungsalter so erbärmlich wegschlaffen?«[3] Doch nicht nur vor der Partnerin hat man sich damit blamiert – es treibt einen auch noch die berechtigte Angst um, sie könnte dieses »Geheimnis« bei Freundinnen und, oh Gott, Freunden ausplaudern. Dann weiß bald die ganze Clique, Schulklasse oder die ganze Stadt Bescheid. Anekdoten dieser Art werden gerne noch nach Jahren oder gar Jahrzehnten hervorgekramt, denn Sex-Pleiten vergisst man nicht so schnell.

Hässliche oder verschmutzte Unterwäsche

Glaubt man aktuellen Umfragen, wechseln 13 Prozent der Männer ihre Unterhose nur jeden zweiten Tag, einige von ihnen sogar noch seltener. Pfui! Mit dem Tragen hässlicher Unterwäsche zeigt man zudem an, dass man sich selbst für so unattraktiv hält, dass man nicht mehr mit erotischen Begegnungen rechnet.

Körperliche Problemzonen

Nicht wenige Zeitgenossen und Zeitgenossinnen entsprechen nicht den gängigen Schönheitsidealen – oder bilden sich das jedenfalls ein. US-Talkshowlegende Oprah Winfrey quälte sich öffentlich mit ihren Gewichtsproblemen und wurde auch dadurch zur Identifikationsfigur für Millionen. So beichtete sie dem Publikum im Winter 2008, nunmehr 90 Kilo auf die Waage zu bringen: »Ich bin wütend auf mich selbst. Es ist mir peinlich. Ich kann nicht glauben, dass ich nach all diesen Jahren immer noch über mein Gewicht rede. Ich schaue mich an und denke: ›Wie habe ich das wieder so weit kommen lassen?‹« Viele haben eine Problemzone oder mehrere Körperteile, mit denen sie unzufrieden sind, die sie verstecken oder optimieren wollten, wenn sie könnten. Schlimm, wenn hier in der Jugend prägende Zurückweisungen und Hänseleien stattgefunden haben, die manche erst im Erwachsenenalter, manche nie völlig überwinden können. Sex-Pannen und körperliche Eigenarten werden auch gerne herausposaunt, wenn sich die Partner im Streit getrennt haben. So bekannte Kimberley Scott freimütig, dass ihr langjähriger Ehemann Eminem nicht besonders gut bestückt gewesen sei und für Sex überdies die Hilfe von Viagra und Co. benötigt habe. Keith Richards rächte sich in Kapitel sieben seiner Autobiografie *Life* am Rolling-Stones-Kollegen Mick Jagger, indem er über ihn und seine damalige Freundin Anita Pallenberg schrieb: »Jedenfalls hatte sie mit dem winzigen Pimmel keinen Spaß.«

Beobachten und beobachtet werden

Beim Sex überrascht zu werden oder andere beim Sex zu überraschen ist den meisten peinlich. Doch hier gibt es freilich graduelle Unterschiede, ob nun ein guter Freund, ein unbekannter Hotelgast oder die betrogene Ehefrau zur Tür hereinkommt. Gleiches gilt für den Fall, dass man bei der Selbstbefriedigung oder beim Betrachten von pornografischem Material erwischt wird. Auch da ist es schon ein erheblicher Unterschied, ob man vom Arbeitskollegen, von der eigenen Mutter oder vom eigenen Partner bzw. der eigenen Partnerin gesehen wird. Gerade letztere könnten hier empfindlich reagieren und denken, sie seien überflüssig oder nicht mehr attraktiv genug.

Eine damit verwandte Situation (die sicher jeder kennt) entsteht, wenn man mit Oma oder Schwiegermutter einen Film sieht, in dem dann plötzlich eine Sexszene vorkommt. Hektisch umschalten oder hoffen, dass es schnell vorbeigeht? Oder möglichst gleichgültig tun? In jedem Fall unangenehm.

Peinliche Sexbekanntschaften von früher

Schlimm: Ein überraschendes Wiedersehen mit Sexpartnern, die man bereits vergessen hatte oder am liebsten vergessen wollte: »Sag mal, kennst du mich nicht mehr?« Schlimmer: Wenn dieses Wiedersehen in unpassenden Situationen erfolgt (am neuen Arbeitsplatz, mit Frau/Mann und Schwiegereltern im Restaurant usw.). Besonders schlimm: Wenn der ehemalige Partner bzw. die Ex-Partnerin dabei sichtlich heruntergekommen oder sozial auffällig wirkt (Drogen, Strich, organisiertes Verbrechen, Psychiatrie).

Lächerlicher Fetischismus

Außerhalb der angestammten Reviere und Milieus geraten Fetischisten und Anhänger devianter Sexualpraktiken schnell in lächerliche Situationen: Der Gummi-, Transen-, Lack- und Lederlook, die SM-Toys wirken bizarr, und Spanner, Exhibitionisten, Schuh- oder Strumpffetischisten umgibt dann, gelinde gesagt, eine etwas eigenartige Aura. Nach der Fetisch-Party mit der Straßenbahn nach Hause – da muss man schon ein dickes Fell haben, um so zu tun, als ob nichts wäre. Es geht manchmal aber noch schlimmer: Da war jener britische Tory-Abgeordnete Stephen Milligan, der sich an der seltenen Sexualpraktik der Asphyxie (Lustgewinn durch Strangulation) delektierte. Der konservative Politiker, der für »Familienwerte«, Vaterland und andere hochanständige Werte einstand, wurde im Februar 1994 von der Putzfrau auf dem Küchentisch seines Londoner Apartments gefunden; der 45-Jährige trug lediglich Damenstrümpfe und um den Hals ein Elektrokabel. Sein Kopf steckte in einer Plastiktüte; im Mund befand sich ein Stück geschälte Orange. Extrem peinlich für den Tory-Regierungschef John Major, der gerade dabei war, eine Kampagne »Back to the basics« zu starten (vergleichbar mit Helmut Kohls »geistig-moralischer Wende«).

Im Puff erwischt werden

Der Klassiker: Wenn sich die Honoratioren eines Ortes im Bordell begegnen oder wenn die Zuhälter den Bürgermeister, den Chef vom Gesundheitsamt oder den Direktor des örtlichen Gymnasiums in der Hand haben, weil die alle Stammkunden sind. Noch viel stärker sind Prominente durch geschäftstüchtige Pimps oder gesprächige Kiss-and-Tell-Girls gefährdet: In einem Bordell namens Diva's nahm der englische Ausnahmefußballer Wayne Rooney in jungen Jahren unter anderem die Dienste einer 48-jährigen Großmutter in Anspruch. Als eine andere Prostituierte ihn um ein Andenken bat, rückte der Star ein persönliches Autogramm mit dem originellen Text heraus: »Für Charlotte, ich habe dich am 28. Dezember gevögelt. Alles Liebe, Wayne Rooney.«

Im Puff nicht wollen oder können

Unter manchen Geschäftsleuten ist es offenbar Usus, einen Deal mit einem gemeinsamen Bordellbesuch zu feiern. Das gemeinsam begangene »Abenteuer« schweißt zusammen, nun hat man ein gemeinsames Geheimnis, an das man sich beim nächsten Treffen gern zurückerinnern kann (und mit dem man sich bei Bedarf gegenseitig erpressen könnte). Wer dann nicht mitwill, gilt unter Umständen als Feigling oder Spielverderber, dem man nicht vertrauen kann. Um die Geschäftsbeziehungen nicht zu gefährden, macht manch einer unwillig mit. Unangenehm, wenn Unlust und Alkoholisierung dann keine Erregung entstehen lassen, noch unangenehmer, wenn die ebenfalls im Etablissement anwesenden Geschäftspartner das auch noch mitkriegen.

Im Puff sterben

Herzinfarkt im Bordell. Erwischt. *Caught in the act.* Dem Toten mag's egal sein, seinen Angehörigen ist es dafür umso peinlicher.

Pseudogourmets, Möchtegernweinkenner und andere ambitionierte Genießer

Ob privat oder im »feinen« Restaurant – Geselligkeit spielt sich oft rund ums Essen und Trinken ab. In diese Blamagenrubrik fallen Tischsitten und die Freuden privater Gastlichkeit, Esskultur, Trinkrituale und der gemeinsame Genuss von anregenden oder gar berauschenden Substanzen. Schauen wir zunächst auf das Dinieren in der Öffentlichkeit. Wer etwas auf sich hält, kennt in seiner Heimatstadt und in den wesentlichen Metropolen dieser Welt einige »gute« Restaurants, die er jederzeit empfehlen kann.

Im »feinen« Restaurant

Schnöselkellner und Gäste, die auf fein machen – das passt zusammen. Viel Silber, viele Gläser, viele schwarz livrierte Angestellte: Auf den ersten Blick elegante Lokale schüchtern bisweilen ein. Hochnäsige Kellner stolzieren umher, übersehen frisch eingetroffene Gäste oder Bestellwünsche geflissentlich. Es gibt Gäste, die mögen so was – die fühlen sich erst gut, wenn sie richtig schlecht behandelt werden. Wahre Kenner in einen solchen Schuppen zu lotsen kann ausgesprochen peinlich sein. In der Regel gilt nämlich: Je besser das Restaurant, desto geschulter, freundlicher der Service. Die arroganten Pseudo-Würdenträger unter den Kellnern arbeiten meist in Pseudo-Feinschmeckerlokalen, etwa dort, wo zehn Sorten Fisch auf der Standardkarte stehen, obwohl das Lokal nicht als spezielles Fischrestaurant bekannt ist. Hier gibt's nämlich vor allem oder ausschließlich tiefgekühlte Ware. Da kann man sich auch gleich zu Hause ein paar Fischstäbchen braten.

Für die Dame mitbestellen

In manchen Restaurants werden noch Damenkarten gereicht: Menüs ohne Preisangabe – in der Annahme, der männliche Begleiter zahle ja ohnehin, da müsse die Dame gar nicht so genau wissen, was der Spaß gekostet habe (oder könnte sich darüber aufregen, wie billig sie abgespeist wurde). Ebenso chauvimäßig peinlich ist es, diesem Verhaltensmuster auch noch zu entsprechen, mehr noch, für die Dame, das Dummerchen, nicht nur den Wein, sondern auch gleich das Menü auszusuchen und mitzubestellen.

Kellner bestechen

Da gibt es Leute, die dem Oberkellner vor dem Essen einen großen Schein in die Hand drücken, um wie VIPs behandelt zu werden (bester Tisch, bester Wein, prompter Service etc.).

Ein zweifelhafter Bestechungsversuch, zudem gehen ja die anderen Servicekräfte leer aus. Machen nur Angeber.

Dem Inhaber Trinkgeld anbieten

Trinkgeld gab man traditionell Bediensteten, damit sie es gleich am Feierabend in der Kneipe wieder auf den Kopf hauen konnten. Heute bekommt der Angestellte Trinkgeld, aber niemals der Chef oder der Inhaber – das wäre eine Beleidigung.

Die Kellnerin anmachen

Der Fehler passiert schon zu Beginn des Mahles mit der plump vertraulichen Frage: »Wie heißen Sie, Schätzchen?« Schlimm, wenn die Herren dann gegenüber der Kellnerin handgreiflich werden. Onkelhafte Berührungen wie das Tätscheln des Rückens oder der Griff an die Schulter sind voll daneben, vom Klaps auf den Hintern ganz zu schweigen, er dürfte in gehobenen Restaurants bereits in den 1970ern ausgestorben sein, zusammen mit der Anrede »Fräulein«.

Mangelhafte Esstechnik

Fehlerhafter Umgang mit Besteck eröffnet ein wahres Universum der Blamagen. Hier nur einige Klassiker, die Sie unter allen Umständen vermeiden sollten:

- Spaghetti mit dem Messer in zentimeterlange Stücke schneiden und dann mit dem Löffel in den Mund schaufeln

- Essen komplett mit der Gabel zerdrücken und vermischen, bis aus dem perfekt komponierten Menü ein monochromer Babybrei geworden ist
- das Weinglas mit Fettfingern an der Wölbung anfassen
- nach dem Trinken einen sichtbaren Fett- oder Lippenstiftrand am Glas hinterlassen
- mit dem Messer ausgiebig auf dem Teller quietschen
- mit Stäbchen essen, ohne es zu können
- ein Hummermassaker veranstalten
- sich mit dem Austernmesser schwere Handverletzungen zuziehen
- beim Kaffee- oder Teetrinken den kleinen Finger abspreizen.

Weintrinkerpannen

Lächerlich ist es, vor dem wartenden (Aushilfs-)Kellner wortreich und kennerhaft den Wein zu loben (dabei ging es doch nur um die Frage, ob er korkt), oder mit dem Sommelier-Fachjargon zu glänzen, um dann am Ende den schlimmsten Fusel zu bestellen. Davor sind auch echte Kenner nicht sicher: Michael Käfer, renommierter Gastronom, erlebte einmal eine grauenhafte Sektprobe mit zwanzig hochkarätigen Winzern und Weinköniginnen. Die Flaschen waren verhüllt, und die versammelten Fachleute sollten den Sekt kosten und bewerten. Käfer war als Erster dran und gab eine hohe Bewertung ab: »Als die Hülle meiner Nummer eins abgezogen wurde, wollte ich auf der Stelle sterben. Es war der billigste Sekt von allen, irgendein schrecklicher Faber. Ich war der Einzige, der komplett danebengegriffen hat. Alle haben mich sehr merkwürdig angeschaut. Das Schlimme war, dass ich dann auch noch versucht habe, mich rauszureden …« – So Käfer in Beatrix Schnippenkoetters Sammlung von Promi-Statements *Peinlich! 100 Prominente gestehen*, die dem Autor als reiche Quelle diente (wenngleich derartige Statements mit einer gewissen Vorsicht zu genießen sind; manche klingen doch arg inszeniert).

Der erste Gast sein

Als Erster zum Essen oder zu einem Fest erscheinen – merkwürdigerweise möchten viele diese Situation vermeiden. Warum eigentlich? Weil die anderen denken könnten, man hätte sonst nichts zu tun? Weil Pünktlichkeit inzwischen als peinlich-altmodisch, als pedantisch gilt? Irgendwer muss ja den Anfang machen, und man kann den Moment der Ruhe nutzen, um noch ein paar Worte mit den Gastgebern zu wechseln. Stattdessen gilt es als lässiger, sich etwas zu verspäten oder bei Partys möglichst divenhaft spät aufzukreuzen und pseudogestresst zu stöhnen: »So viele Termine abends, so viele Einladungen!« Als peinlich gilt hingegen weithin, zu früh zum Essen oder zur Party zu erscheinen, dann im Weg herumzustehen und Zeuge zu werden, wie sich die gestressten Gastgeber anzicken.

Der letzte Gast sein

Peinlich, nicht zu merken, dass die Feier vorbei ist und die Gastgeber ins Bett müssen. Alle anderen sind schon gegangen, der Hausherr hat schon demonstrativ gegähnt und auf den frühen Arbeitsbeginn hingewiesen, trotzdem verlangt man, eine weitere Flasche zu öffnen. Am peinlichsten jedoch ist (zu Recht), mit der angebrochenen Flasche auf den Heimweg geschickt zu werden: »Kannste mitnehmen. Für unterwegs!«

Ein peinlicher Gast sein

Geht in etwa so:
- gar nichts oder viel zu wenig essen, und damit die Gastgeber brüskieren
- den anderen Gästen und den Gastgebern gönnerhaft »Guten Appetit« wünschen
- einen Toast auf die »Kochkunst der Hausfrau« ausbringen (ambivalent, kann je nach Landessitte und Milieu aber auch goutiert werden)
- sich bei einem gesitteten Dinner unentwegt und reichlich Alkohol nachschenken lassen, dann sehr albern oder ausfällig werden.

Ein peinlicher Gastgeber sein

- angebranntes, versalzenes Essen servieren
- nach erfolglosen Kochversuchen in letzter Minute panisch den Pizzaservice rufen müssen und so tun, als habe man selbst Pizza gebacken
- in Weingläser mit Staubschicht einschenken
- Besteck, das nicht restlos sauber ist, decken
- selbst das eigene Essen loben und sich zuerst oder am meisten nehmen

- beim Einschenken oder Servieren Gäste bekleckern
- Nahrungsmittelallergiker in lebensbedrohliche Situationen bringen
- trockene Alkoholiker und religiös motivierte Nichttrinker zum hochprozentigen Anstoßen nötigen
- löslichen Kaffee servieren (und dies auf Nachfrage auch noch zugeben müssen).

Fressanfälle

Zivilisierte Menschen, vor allem Damen, die etwas auf sich halten, verzehren wohldosierte Nahrungsportionen in möglichst ausgewogener Zusammensetzung. Das wilde Hinunterschlingen großer Speisemengen gilt ihnen (zu Recht) als ausgesprochen animalisch bzw. männlich. In der Öffentlichkeit stattfindende Fressattacken auf Buffetleckereien, Fast Food, Süßes oder hochkalorisches Knabberzeug werden weithin als Zeichen mangelnder Willensstärke und Körperkontrolle interpretiert. Beate Wedekind, Journalistin und TV-Produzentin, klagte einmal: »Bei der Goldenen Kamera etwa, die ich selber produzierte, schaffte ich es zwar, bis ein Uhr nachts an den Buffets vorbeizugehen, weil ich natürlich total im Stress war. Aber dann ging es los: Ich stellte mich in eine Ecke und stopfte Fingerfood in mich hinein. Jedes Mal schämte ich mich maßlos, insbesondere, wenn ich dabei ertappt wurde, umringt von etlichen leergefutterten Tellern.«[4] Essgestörte, die sich mit gigantischen Nahrungsmittelvorräten eindecken und diese dann in regelrechten Fressorgien zu Hause verputzen, müssen unter allen Umständen sicherstellen, dabei nicht erwischt zu werden – allein schon die Beschaffung der Lebensmittelmassen

muss dezent oder unter einem Vorwand (Party, Familienbe-
such) erfolgen, könnte ja immer sein, dass man im Supermarkt
Bekannte trifft, während man seinen vollgepackten Super-
Size-Einkaufswagen durch die Gänge schiebt.

Essen in der Öffentlichkeit

Manchen Menschen ist es sogar generell peinlich, überhaupt
in der Öffentlichkeit etwas zu essen, als wäre Essen etwas
höchst Intimes – sie tun das nur, wenn sie sich völlig unbeob-
achtet fühlen.

Beim Erbrechen gesehen werden

Essgestörte und Models müssen sich jede Mahlzeit möglichst
rasch wieder rauswürgen, um ja kein Gramm zuzulegen –
das verlangt manchmal einige Verrenkungen und Versteck-
spiele – vor allem, wenn man im kleinen Rahmen privat eingeladen ist und dann mit verdächtiger Geräuschbegleitung
die Toilette blockiert.

Überhaupt, Kotzen ist immer peinlich, besonders aber
im Taxi, in Kirchen und anderen Gotteshäusern, sowie, wenn
der Mageninhalt mangels anderweitigem Behältnis in der eigenen Handtasche verstaut wird.

Beim Erbrechen ersticken

In der Liste der peinlichen Todesumstände steht ganz oben:
An seiner Kotze ersticken. Große Karrieren, etwa von Jimi
Hendrix oder Bon Scott endeten auf diese Weise. Unter den

Promis traf es zuletzt Stephen Gately, Sänger der irischen Band Boyzone.

Keinen Alkohol vertragen

Männlichkeitsrituale verlangen danach, möglichst viel Alkohol zu vertragen. Wer Saufexzesse ablehnt, gilt als religiöser Freak oder Weichling und wird nicht in den Club aufgenommen. Wer schon nach wenigen Gläsern lallt, wankt oder erbrechen muss, hat den Ruf des Schwächlings weg. Kotzen (eigentlich eine sinnvolle Entgiftungsreaktion des malträtierten Körpers) muss also vermieden werden, ebenso wie allzu häufige Toilettengänge, die gleichfalls als Zeichen von Schwäche ausgelegt werden (»Konfirmandenblase, haha!«).

Alkoholiker sein

Wenn Sie Gesellschaft nur im angetrunkenen Zustand ertragen oder generell gerne betrunken sind, sollten Sie dennoch beachten, dass Sie selbst Ihre Äußerungen und Verhaltensweisen für humorvoll und galant halten mögen, in den Augen der anderen aber höchstwahrscheinlich als peinlicher Außenseiter erscheinen, den man meidet und so schnell nicht wieder einlädt. Die Nüchternen ordnen die Betrunkenen natürlich gnadenlos in Kategorien ein: in Lustige, Laute, Anhängliche, Weinerliche, Aggressive, Säuerliche, Rechthaberische und Sentimentale. Welcher Sauftyp sind Sie? Oder durchlaufen Sie, je nach Pegelstand, verschiedene Stadien? Vielleicht erst lustig, dann laut, am Ende weinerlich? Oder erst rechthaberisch, dann aggressiv, und schließlich sentimental?

Obwohl wir in einer traditionellen Alkoholkultur leben, gibt es da feine Abstufungen. Das Trinkverhalten variiert, etwa zwischen einem kultivierten Abendessen, wo man sich nicht zu schnell und zu oft nachschenken lassen sollte, oder einem Kneipenabend, wo möglichst viele Runden absolviert werden sollen, und der kräftige Zug, bisweilen auf »ex«, sozial erwünscht ist. Bei letzterer Übung gilt es im Übrigen nicht als peinlich, wenn der Flüssigkeitsrest aus Glas oder Flasche Gesicht und Kleidung einnässt. Das landläufige Ideal besteht paradoxerweise darin, viel Alkohol vertragen zu können, ihn aber nicht nötig zu haben. Der Quartalssäufer, der sich bei sozialen Anlässen betrinkt, wird eher akzeptiert als der Pegeltrinker, der immer und überall alkoholisiert sein muss. Letzterer – sofern er noch sozial eingebunden ist, Arbeit und Familie hat – lebt in ständiger Angst vor Entdeckung, er muss seine Fahne mit Atemsprays überdecken, den Schnaps verstecken, ihn unbemerkt in den Kaffee schütten, das Leergut unauffällig entsorgen.

Drogenabhängig sein

Je nach Zeitgeist und Milieu sind bestimmte Suchtmittel peinlich oder angesagt. Koks, Ritalin, Prozac und allerlei Aufputschmittel wurden und werden von TV-Moderatoren, Börsenmaklern und anderen »Erfolgsmenschen« als angemessen betrachtet, Haschisch und Heroin eher von Aussteigern und Weltflüchtigen. Als cool gilt, wer seine Drogenabhängigkeit im Griff zu haben scheint. Peinlich ist es hingegen, auszurasten oder sichtbare Entzugserscheinungen zu zeigen, zumindest solange man noch Job, Freundin oder Familie hat. In seiner akuten Kokser-Phase lief der Musiker Konstantin Wecker wie ein Gespenst herum: »Ständig schweißüberströmt, aufgeschwemmt aufgrund von Nierenstörungen, weit aufgerissene Augen, wirrer Blick. Ich hatte Angst, allein schon wegen meines Aussehens verhaftet zu werden.«[5] Und Rolling Stone Keith Richards sagte einmal, es sei der Gipfel der »Unhöflichkeit«, wenn man seinen Gastgeber brüskiert, indem man in dessen WC blau anläuft (und so die schöne Party mit einem Notarzteinsatz sprengt). Genau dies passierte aber dem Fiat-Erben Lapo Elkann. Am 10. Oktober 2005 wurde er bewusstlos ins Turiner Mauriziano-Spital eingeliefert. Er hatte in der Wohnung einer brasilianischen Transsexuellen einen sogenannten Speedball aus Kokain, Opium und Heroin konsumiert, fiel ins Koma und schwebte drei Tage und Nächte in Lebensgefahr. Der Promifotograf Fabrizio Corona versuchte anschließend von Fiat 200 000 Euro für die Nichtpublikation eines Interviews mit Patrizia, der Gastgeberin der Drogenparty, zu erpressen. Weitere Kollateralschäden: Lapos Freundin, die Schauspielerin Martina Stella, gab ihm den Laufpass. Und für höhere Aufgaben im Konzern kam er auch nicht mehr in Betracht. »Als öffentliche Person war ich tot«, sagte Lapo selbst und trat den Drogenentzug in einer Klinik in Arizona an.[6] Dem echten Junkie hingegen ist nichts mehr peinlich: Ob er oder sie auf dem Straßenstrich gesehen, beim Ladendiebstahl erwischt wird oder mitten in der Fußgängerzone zitternd am Boden liegt.

Sich alleine betrinken oder alleine Drogen nehmen

Alkohol- und Drogenkonsum wird in Gesellschaft leichter toleriert, erweckt er doch die Illusion, die Dröhnung diene dem sozialen Zusammenhalt und sei irgendwie »cool«. Doch wer alleine zu Hause hockt und sich zumacht, zeigt überdeutlich an, dass er ein hoffnungsloser Suchti ist. Für das Umfeld ist es ein Alarmsignal, jemanden allein und bedröhnt zu erwischen. Auch Lady Gaga machte mal eine Phase durch, in der sie sich allein in ihrer Wohnung mit Koks tröstete: »Mein Vater sah mich eines Tages an und sagte nur: ›Du bist drauf. Du baust gerade großen Mist, Kid.‹«[7]

KAPITEL 2

WAS IST ÜBERHAUPT PEINLICHKEIT?

Der Fauxpas

Viele peinliche Situationen werden durch Fehltritte, Fehlleistungen oder mentale Aussetzer verursacht. Doch wie kommen diese Fauxpas zustande, und warum treten sie so häufig auf? Manchmal fragt man sich, warum einem dieser oder jener Fauxpas unterlaufen ist, obwohl man sich doch so darauf konzentriert hat, genau diesen Fehler (diesmal) nicht zu begehen! Wie kommt es, dass hundertfach geübte Routinegriffe danebengehen, dass wir in manchen Situationen unser Wissen nicht abrufen können, dass uns trotz jahrzehntelanger Berufserfahrung ein anfängerhafter Lapsus unterläuft? Die amerikanische Psychologin Sian Beilock glaubt, dass die verstärkte Selbstbeobachtung, die in Stresssituationen auftritt, die Ursache dafür ist.[8] Selbstsicheres Auftreten, quasi im Schlaf beherrschte Fähigkeiten und Handlungsabläufe, werden in solchen Fällen in ängstlich kontrollierte Einzelschritte aufgeteilt, der Autopilot ist abgeschaltet, unsere Bewegungen wirken fahrig, abgehackt, ungeschickt. So erklärt sich, dass Fußballprofis, die in ihrem Training schon Hunderte von Strafstößen geschossen haben, ausgerechnet im Elfmeterschießen des Finales den Ball in die Wolken dreschen. Und dies passiert umso häufiger, je berühmter der Schütze ist. Auch abgebrühte Prominente und Berufspolitiker sind vor peinlichen Fehlleistungen nicht sicher: Der frühere Bundesaußenminister Hans-Dietrich-Genscher erinnerte sich an einen Fauxpas, der ihm in den 1980er-Jahren unterlaufen war. Er sollte im Wiener Hilton einen Vortrag über Europa-Politik halten und studierte im Flugzeug sorgfältig das Redemanuskript. Beim Satz »Wir sind die Vorhut der Europäischen Einigung« stockte er: »Während ich das las, sagte ich mir, hier an dieser Stelle musst du aufpassen!« Im Hilton saßen 600 Gäste, ein erlesenes Publikum, und Genscher unterlief genau der Versprecher, den er unbedingt vermeiden wollte, und der die BRD durch einen ungehörigen Diphthong prompt zur »Vorhaut der Europäischen Einigung« machte: »Nach einer Schrecksekunde redete ich weiter, allerdings mit belegter Stimme. Sonst war es eine überzeugende Rede. Übrigens – das Publikum war so fein, dass mich hinterher keiner darauf angesprochen hat.«[9] So Genscher in Sabine Gräfin von Nayhauß' Geschichtensammlung *War das peinlich! Prominente erzählen*, die dem Autor als wahre Fundgrube diente. Über ein ähnliches Erlebnis berichtete der US-Bestsellerautor Scott Turow, der einmal die Ehre hatte, Harrison Ford zum Mittagessen ins eigene Haus einladen zu dürfen. Dabei wollte er möglichst weltmännisch-cool wirken: »Ich wollte mir meine Aufregung und Bewunderung bloß nicht anmerken lassen. Ich bat ihn herein, nahm ihm den Mantel ab, und dann passierte etwas Schreckliches. Ich sagte zu ihm allen Ernstes: ›Darf ich Ihnen meine Frau Harrison vorstellen?‹ Was für ein Blödsinn! Mit einem Mal brach meine coole Fassade zusammen. In dem Moment wurde mir schmerzhaft bewusst, dass ich einfach nicht der lässige Typ bin. Ich bin nun mal nicht Harrison Ford – und meine Frau schon gar nicht.«[10]

Sigmund Freud, der Begründer der Psychoanalyse, hat

sich für dieses Phänomen bereits vor gut 100 Jahren interessiert, für die Frage, wie das Unterbewusstsein unser rati-
onales Handeln sabotiert und damit peinliche Situationen
herbeiführt, so beispielsweise in seiner Schrift *Zur Psychopathologie des Alltagslebens*, in der er Fehlleistungen wie das
Vergessen, das Verlegen oder Zerbrechen von Gegenständen als Ausdruck eines verdrängten »Gegenwillens« inter-
pretierte. Im Gegenwillen regten sich laut Freud »peinliche
Kontrastvorstellungen«, Versagensängste, die wir normalerweise unterdrücken, die aber in Situationen der Überforderung oder Übermüdung ans Licht kommen. Unter Umständen sind es sogar unterdrückte Wünsche und Emotionen, die
sich dann manifestieren, eine Art Selbstsabotage, jene sogenannten Freud'schen Versprecher, die für Heiterkeit im Publikum sorgen können, weil sie die Assoziationen des Redners
freilegen oder unfreiwillig die verdeckte Wahrheit ausspre-
chen, wie etwa im folgenden bekannten Kalauer: Eine brave
Sekretärin will weisungsgemäß einem anrufenden Geschäftspartner mitteilen, ihr Chef sei geschäftlich unterwegs, sagt
aber stattdessen: »Herr Dr. Mödling ist zurzeit leider nicht zu
sprechen, er ist geschlechtlich unterwegs.« Unbewusste Prozesse dieser Art wurden in den letzten Jahren bereits in einer
Reihe von Experimenten untersucht, wobei die Testpersonen
bestimmte Aufgaben zu lösen hatten, mit der ausdrücklichen
Ermahnung, dabei nicht an einen bestimmten Gegenstand
zu denken – im Ergebnis mussten die Probanden aber besonders häufig an den »verbotenen« Gegenstand denken und
lösten ihre Aufgaben dadurch erheblich schlechter als Ver-
gleichspersonen ohne »Denkverbote«. Ihre Reaktionszeiten
waren länger, die Fehlerquote höher als die der Freidenker.

In anderen Versuchen, die sich mit tabuisierten und »peinlichen« Themen wie Sex oder Vorurteilen beschäftigten, wurden Probanden beispielsweise dazu aufgefordert, »jetzt nicht an Sex zu denken«. Dabei stieg ihr Erregungsniveau kurioserweise jedoch genauso stark an wie bei der ausdrücklichen *Aufforderung*, an Sex zu denken. Ähnlich war es bei Vorurteilen gegenüber bestimmten sozialen Gruppen. Wer sich bewusst damit befasste, begegnete Angehörigen dieser Gruppen mit großer Befangenheit, suchte unterschwellig nach Anhaltspunkten für eben diese Vorurteile oder mied jene Personen lieber. Manfred Spitzer, Direktor der Psychiatrischen Uniklinik Ulm, der diese Versuche in seinem Buch *Aufklärung 2.0* interpretiert, macht neuronale Bahnungseffekte dafür verantwortlich. Das bedeutet, wenn wir uns gedanklich damit beschäftigen, eine bestimmte Handlung nicht auszuführen, nicht an eine bestimmte Idee zu denken oder ein bestimmtes Wort nicht auszusprechen, werde genau dies im Gehirn repräsentiert und stehe auf Abruf bereit. Nun muss sich das bewusste Denken heftig anstrengen, das Fehlverhalten, das quasi nun schon auf Knopfdruck abgerufen werden könnte, aktiv zu vermeiden. Sobald wir aber gestresst oder abgelenkt werden, tritt dann genau dieser Fall ein. Paradox: Inhalte und Meinungen, die wir bewusst überwinden, die wir ausdrücklich nicht denken wollen, werden also automatisch aktiviert und lauern nur darauf, in Momenten der Ablenkung oder Erschöpfung hervorzutreten. Sind wir also nicht einmal in der Lage, unsere eigenen Gedanken zu kontrollieren? Zum Glück, so Spitzer, habe sich die Gehirnforschung inzwischen dieses Problems angenommen.[11]

Peinlich, peinlich – Das Peinlichkeitsempfinden

Fauxpas finden stets in Gesellschaft statt, Peinlichkeit und Scham werden dagegen empfunden, wenn etwas passiert, was nicht mit dem Bild übereinstimmt, das wir selbst und das andere von uns haben. In diesen Situationen empfindet der Betroffene eine starke Isolationsfurcht und glaubt, seine soziale Rolle, sein Image oder sein Status sei nun in Gefahr. Die Nichterfüllung einer verinnerlichten sozialen Norm oder einer gesellschaftlichen Erwartung wird zur kleinen Katastrophe, wobei sich der peinlich Berührte oftmals überkritisch in die Beobachter hineinversetzt, obwohl diese den Vorfall meist als weit weniger dramatisch betrachten, ihn vielleicht gar nicht bemerkt haben oder aus Höflichkeit so tun, als sei »nichts« passiert. Ein Peinlichkeitserlebnis ist eine starke Emotion. Doch was geschieht dabei eigentlich genau?

Wer etwas als peinlich empfindet, schämt sich. Interessant ist die Tatsache, dass das Peinlichkeitserleben so gut wie immer mit Emotionen verbunden ist, ja, dass in vielen Fällen allein schon das Auftauchen von Emotionen als peinlich bewertet wird: Jeder Gefühlsausbruch ist per se peinlich, denn er verrät, wie schon das Wort sagt, den Ausbruch von etwas Unangenehmem, das außer Kontrolle zu geraten scheint: Wut, Angst, Ekel. Aber selbst positive Emotionen wie tiefe Verehrung, Liebe, Rührung werden als peinlich wahrgenommen und im Rahmen einer erstrebenswerten Selbstkontrolle tunlichst unter Verschluss gehalten.

Das bei peinlichen Situationen mobilisierte Schamgefühl hat eine wichtige Funktion sowohl im Prozess der

Selbstwerdung als auch der Gruppenbildung. Wie ein Scharnier verbindet das Peinlichkeitsempfinden das Selbst mit der Gesellschaft. Wo es fehlt, ist letztlich der Zusammenhalt der Gruppe gefährdet. Denn das Gefühl der Peinlichkeit lässt sich als eine Art Aggressivitätspuffer begreifen: Der psychische Schmerz der Verletzung, der Beleidigung oder Missachtung, den man anderen und sich selbst mit einer Blamage zufügen könnte, führt dazu, dass man gestische Rohheiten und Beleidigungen, die vom Gesetz her noch als freie Meinungsäußerungen gedeckt wären, unterlässt – ein wichtiger Beitrag zum sozialen Frieden, der Eskalationen und verbittertes Beleidigtsein durch Taktgefühl und Höflichkeitsregeln vermeidet.

Scham und Peinlichkeit – wie lassen sich beide Begriffe voneinander abgrenzen? Einfach ausgedrückt: Die Peinlichkeit, das Peinlichkeitsempfinden, spielt sich an der Oberfläche ab. Die Scham, das Sich-Schämen liegt darunter. Peinlich ist es, wenn man die sozialen Konventionen vernachlässigt hat, beschämend ist es dagegen, wenn man sittlich-moralische Normen verletzt hat, Normen, mit denen sich auch das eigene Ich identifiziert. Peinlich wird es meistens erst, wenn wir glauben, unter der strengen Beobachtung, der Fremdbewertung anderer zu stehen, schämen können wir uns hingegen auch alleine, wenn andere gar nichts von unserem Versagen wissen – die Scham ist ausschließlich eine Frage der Selbstbewertung. So erging es beispielsweise dem (inzwischen verstorbenen) amerikanischen Schriftsteller David Foster Wallace, als er seine Mitreisenden auf einer Kreuzfahrt betrachtete, und glaubte, unter ihnen viele Juden ausgemacht zu haben: »Ich schäme mich für den Gedanken, jüdische Herkunft am Aussehen erkennen zu können.«[12] Foster Wallace hatte niemanden beleidigt, hatte kein Wort gesagt, allein für seinen Blick auf die Passagiere, für seine Gedanken schämte er sich. Am schlimmsten wäre es für ihn gewesen, wenn andere seine Gedanken hätten lesen können. Dann würden Peinlichkeit und Scham gemeinsam empfunden, Scham für das Versagen, Peinlichkeit für die Entdeckung desselben. Man kann sich also schämen, ohne etwas Peinliches getan zu haben. Ebenfalls kann man sich für etwas schämen, was man gar nicht getan hat. Der Autor selbst hatte einmal einen seltsamen Anfall von Fremdschämen beim Fernsehen. Es lief eine Comedy-Sendung, die Komiker waren vollkommen unlustig, erzählten einen grottenschlechten Witz nach dem anderen, das Publikum johlte und der Autor: schämte sich! Ja, er schämte sich. Für etwas, was er gar nicht getan hatte! Schämen sollten sich der Comedian, der Produzent, der Programmchef. Aber keine Spur davon. Vielleicht ist es uns allein deswegen peinlich, weil wir bei diesem Verbrechen gegen den guten Geschmack zugesehen haben, sozusagen Komplizen und durch die brav gezahlten Fernseh- und Rundfunkgebühren auch noch mitverantwortlich sind. In dieser Situation bestand letztlich eine imaginäre Gemeinschaft von Fernsehzuschauern und Fernsehprogrammgestaltern. Der peinlich berührte Zuschauer schämte sich stellvertretend für die ganze Gemeinschaft.

Das Kleinkind kennt keine Blamage –
Lernen, was peinlich ist

Die Episode vom Fremdschämen zeigt: Das Gefühl für Peinlichkeit hat stets mit Gesellschaft zu tun, es ist überwiegend
eine soziale Errungenschaft (wobei es durchaus auch eine gewisse genetische Disposition für Schüchternheit und Befangenheit gibt). Kleine Kinder kennen zunächst keine Peinlichkeitsgefühle, weder bei sich selbst, noch können sie sich
diese Gefühle bei anderen vorstellen. Sie sind in dieser Hinsicht sehr ehrlich, nehmen kein Blatt vor den Mund und können die Erwachsenen auf ihre Weise blamieren. Viele Eltern
kennen beispielsweise Situationen, in denen ihre Kleinkinder flüchtigen Bekannten oder Nachbarn mit größter Selbst-
verständlichkeit Familieninterna mitteilen. Säuglinge beziehen andere anfänglich überhaupt nicht in ihre Handlungen
mit ein, alles, was sie tun, hängt zunächst einmal nur mit ihnen selbst zusammen. Erst nach einigen Monaten entwickelt der Säugling ein Gefühl dafür, dass er seine Umgebung mit bestimmten Handlungen beeinflussen kann. Im
zweiten Lebensjahr entfaltet sich die sensomotorische Intel-
ligenz und das Kind erkennt, dass es durch eine Koordina-
tion verschiedener Handlungen in seine Umwelt eingreifen
kann. Bis das Kind jedoch seine vollkommen ich-bezogene
Perspektive überwinden kann, sind noch einige Erfahrungen
nötig. Es kann sich zu diesem Zeitpunkt noch nicht in andere Menschen hineinversetzen, dies wird (in etwa) erst im
fünften Lebensjahr möglich sein. Dann kann ein erstes Gefühl für Verlegenheit und Peinlichkeit entwickelt werden.
Diese Fähigkeit, sich in andere hineinzuversetzen, sich selbst

mit den Augen der anderen sehen zu können, erprobt das Kind in Rollenspielen. Spielt es etwa *Mutter und Kind* mit anderen Kindern, mit einer Puppe oder mit sich selbst, übernimmt es sowohl die Rolle der Mutter als auch die des Kindes, also die von sich selbst. Es bringt sich selbst zu Bett, ermahnt sich, bestraft oder tröstet sich. Diese spielerisch erprobte und erlernte Fähigkeit, sich mit den Augen anderer zu sehen, ist ein wichtiger Schritt zur eigenen Identität. Als Erwachsene spielen wir im Umgang mit anderen in Sekundenschnelle unsere Aktionen und die Reaktionen der anderen durch. Dabei versetzen wir uns, wie beim Schachspiel, in die Perspektive des Gegenübers, um seine Züge in unser Handeln mit einzubeziehen. Diese Vorausberechnung der eigenen und der »gegnerischen« Züge lernen wir in Kindheit und Jugend. Wichtige Schritte bei der Herausbildung eines individuellen Schamgefühls werden in Phasen gemacht, in denen starke körperliche Veränderungen vor sich gehen, etwa zu Beginn des Schulalters und zwischen dem zehnten und dem dreizehnten Lebensjahr. Das Schul- und Kindergartenkind zeigt sich beispielsweise nicht mehr nackt, wenn alle anderen bekleidet sind (dem Kleinkind ist dies noch egal) oder es möchte beim Toilettengang nicht mehr von anderen gesehen werden. Fehlendes Schamgefühl gilt bereits in diesem Alter als sozial auffällig.

In der Pubertät steigert sich noch einmal das körperbezogene Peinlichkeitsempfinden, weil der Körper in dieser Lebensphase raschen Veränderungen unterworfen ist: Er wächst rasch und ungleichmäßig, die Nase kann sich markant aus dem Gesicht erheben, die Arme wachsen schneller als der Rumpf, und bei manchen wirkt der Körper plötzlich lächerlich langgestreckt. Der britischen Schauspielerin Keira Knightley erging es nach einem Wachstumsschub ganz ähnlich: »Als ich zwölf war, wuchs ich sehr schnell, also waren meine Hosen immer nur knöchellang. Damit wurde ich dann aufgezogen.«[13] Andere nehmen rasch an Gewicht zu, Haare sprießen an Stellen, wo bisher noch keine waren, bei Mädchen stellen sich weibliche Proportionen und die Monatsregelblutung ein, Jungs wirken bisweilen spillerig wie ein »Spargeltarzan« oder, bei niedrigem Muskeltonus, hängermäßig und schlaff. Als irritierend und schamauslösend werden meist auch die nächtlichen Samenergüsse empfunden. Diese Veränderungen werden von den Jugendlichen genau registriert und untereinander verglichen, und davor ist letztlich niemand sicher, heutzutage und in früheren Zeiten, unabhängig von Elternhaus und Bildung. So schrieb die französische Intellektuellenikone Simone de Beauvoir in ihren *Memoiren einer Tochter aus gutem Hause* über ihre Pubertät: »Ich wurde hässlicher, meine Nase rötete sich, auf Gesicht und Nacken bekam ich Pickel.« Dazu kamen peinliche Tics: »Unaufhörlich zuckte ich mit den Schultern oder drehte an meiner Nase […] Ohne böse Absicht, aber auch ohne Schonung machte mein Vater Bemerkungen über meinen Teint, die Akne und meine Tolpatschigkeit, durch die mein Unbehagen und meine Manien auf die Spitze getrieben wurden.« Der tragische Rockstar Kurt Cobain urteilte in seinen Tagebüchern rückblickend: »Mit 13 war ich ein nagetierhafter, unterentwickelter hyperaktiver Spasti, der seinen gesamten Torso in einem Bein einer Schlagjeans hätte unterbringen können.«[14] Einige schließen sich stundenlang im Badezimmer ein, betrachten sich intensiv und möchten gleichzeitig verhindern, dass andere sie betrachten. Der eigene Körper wird oft als etwas Lächerliches, Unvollkommenes, Unberechenbares empfunden, die Jugendlichen fühlen sich permanent angestarrt. Nicht ohne Grund hatte das britische Fernsehen die wunderbar betitelte Ratgebersendung *Embarrassing Teenage Bodies* entwickelt. Fällt der Körpervergleich mit anderen Jugendlichen oder mit idealtypischen Vorbildern nachteilhaft aus, kann dies zu Selbstwertproblemen führen. Nun wird der eigene Körper erst recht verhüllt oder stundenlang durchgestylt, um ihn möglichst vorteilhaft darzustellen. Bei einigen jedoch dient der eigene Körper geradezu als sichtbare Oberfläche innerer Konflikte. Durch Ritzen, Tätowieren und Piercings ziehen diese Jugendlichen die Blicke anderer geradezu auf sich. Manche Mädchen beginnen sich intensiv zu schminken und fühlen sich dann ohne Make-up regelrecht nackt. Die dicken Farbschichten auf dem Gesicht haben für sie die Funktion einer schützenden Maske.

Ein anderes Beispiel bietet sich heute in jedem Schwimmbad. Im Alter von fünf, sechs Jahren beginnen die Jungs weite Badeshorts zu tragen, um ihre Geschlechtsteile zu verhüllen. Erst als erwachsene Männer tragen sie dann wieder enganliegende Badehosen. Doch in puncto Körpergefühl gibt es einen großen Unterschied zwischen den Geschlechtern: Umfragen haben gezeigt, dass bei männlichen Jugendlichen im Alter zwischen 14 und 23 die Zufriedenheit mit dem eigenen körperlichen Erscheinungsbild mäßig zunimmt, während diejenige der Mädchen markant abnimmt. In jedem Fall stellt die »Schamerziehung« für Eltern und andere erwachsene Bezugspersonen eine große Herausforderung dar. Hier lässt sich viel falsch machen, mit erheblichen Langzeitfolgen. So sollten Erwachsene mit ihrem Schamverhalten vorbildlich handeln, das Peinlichkeitsempfinden der Jugendlichen und ihre Intimsphäre respektieren und keinesfalls Beschämung als Strafe einsetzen. Im Verhältnis zu den Kindern kommt es dabei auf die richtige Mischung aus Distanz und Nähe an.

Nicht nur auf der erotischen und körperlichen Ebene, auch sonst finden Jugendliche alles und jeden, vor allem die Eltern, höchst peinlich. Der amerikanische Bestsellerautor Jonathan Franzen berichtete von einem desaströsen Jugenderlebnis, als ihn seine Eltern nach Disneyland mitschleppten, obwohl er dafür eigentlich schon zu alt war. Schlimm genug war allein, dass sie ihn in eine grässliche Sonntagskluft steckten (»Ein Ensemble aus Bügelfalten-Shorts und Bing Crosby'schem Sporthemd«), die ihm vor den anderen Teenagern peinlich war. Schließlich endete der misslungene Familienausflug auf einem Kleinkindkarussell, auf dem alle Platz genommen hatten, und Jonathan sinnierte über seine Eltern: »Ich war ihr spätes, glückliches Kind gewesen, und jetzt wollte ich nichts sehnlicher, als von ihnen wegzukommen. Meine Mutter schien mir grauenhaft konformistisch und heillos besessen von Geld und der Wahrung des Scheins; mein Vater schien mir gegen jede Art von Spaß allergisch. Das, was sie wollten, wollte ich nicht. Ich schätzte nicht, was sie schätzten. Und wir fanden es alle gleich schade, dass wir auf dem Karussell fuhren, und wir waren alle gleich verlegen um eine Erklärung dessen, was mit uns geschehen war.«[15]

Viele Kids wählen die demonstrative Coolness als Maskierung und versuchen so, die vielfältigen und einander widersprechenden Emotionen dieses Lebensalters zu bändigen. Den meisten Jugendlichen ist es außerordentlich unangenehm, wenn die Eltern mit anderen in ihrem Beisein über sie sprechen – wie schrecklich, wenn man neben der Mutter steht und die spricht mit dem Lehrer oder Nachbarn über einen in der dritten Person! Überaus nervig und deplatziert werden auch die Anekdoten über die eigene Kindheit empfunden, die Eltern und andere erwachsene Verwandte zum Horror der Heranwachsenden in geselliger Runde wieder und wieder auftischen. Gerade wenn sich Jugendliche von der Elterngeneration abgrenzen wollen, sich an den Regeln gleichaltriger Gruppen orientieren und einen eigenen ästhetischen und sprachlichen Code entwickeln, erscheinen ihnen Versuche der Eltern, durch besondere Jugendlichkeit und Kameradschaftlichkeit Nähe herzustellen, unerträglich peinlich: Die Mutter im Girlie-Look, der Vater, der Baggy Pants trägt und Hip-Hop-Slang bemüht. Doch auch wenn man Distanz wahrt, was man auch tut: In einem bestimmten Alter sind den Jugendlichen ihre Eltern immer peinlich, alles an ihnen ist peinlich: die Schuhe, die Kleidung, die persönlichen Macken, der Humor sowieso. Diese Phase ist notwendig, denn im Alter ab zehn Jahren verfeinern die Kinder ihre Beobachtungsgabe, entwickeln ihre Fähigkeit zur Empathie, zur Entschlüsselung kultureller Codes. Und viele verhalten sich auch noch im Erwachsenenalter reichlich pubertär, wenn es um das Verhältnis zu den Eltern geht. So wie der Künstler Julian Schnabel, der, aus der texanischen Provinz kommend, in New York berühmt wurde. Einmal kamen seine Eltern zu einer von Schnabels Vernissagen, auf der sich jede Menge arme Künstler und Bohemiens tummelten:

»Und mittendrin tauchte meine Mutter in einem Nerzmantel auf […]. Noch peinlicher wurde es aber, als mein Vater und mein Cousin mit meinen Freunden fortwährend über Geld redeten. Schließlich habe ich beiden in einem ziemlich scharfen Ton gesagt, dass ich das für unangebracht halte, was meine Freunde allerdings nicht verstanden. Am Ende wusste ich gar nicht mehr, was ich peinlicher fand, die Tatsache, dass mein Vater über Geld geredet oder dass ich ihn gemaßregelt hatte.«

So peinlich, dass es wehtut – Schamangst und Isolationsfurcht

»Peinlich« hatte in früheren Jahrhunderten eine sehr konkrete (und reichlich martialische) Bedeutung auf der körperlichen Ebene: Eine »peinliche Befragung« war ein anderer Ausdruck für Folter. »Pein« drückte Schmerz und Leiden aus (wie im englischen *pain*), gerade im Zusammenhang mit den früher verbreiteten grausamen Körperstrafen. In dem Maße, in dem Gewalt und körperliche Maßregelung langsam aus dem Justizwesen und dem Alltagsleben zurückgedrängt wurden, veränderte sich auch die Bedeutung von Peinlichkeit. Nicht mehr der Schmerz oder die Angst vor der Folter schwang darin mit, sondern die Angst vor dem sozialen Prestigeverlust, vor dem Ausschluss, der Ächtung. In der nunmehr bürgerlichen Gesellschaft geht es nicht mehr in erster Linie um Körperkraft und Faustrecht, jetzt werden Reputation, Vernetzung, äußerliche Attraktivität, Bildung und Kommunikationsstärke verlangt, um erfolgreich zu sein. Da

kann ein Gesichtsverlust nicht nur enorme Probleme bereiten, er kann sogar als existenzielle Bedrohung wahrgenommen werden.

Das Peinlichkeitsempfinden ist deshalb so wichtig, weil
bei jeder noch so kleinen, nebensächlichen Blamage die Ur-
angst der totalen sozialen Isolation aktiviert wird – meistens
nur für einen Moment, bis es dem Betroffenen gelingt, die
Situation zu erfassen und ihre Folgen einzuschätzen oder
unter Kontrolle zu bringen. Doch in diesem kurzen Moment bekommt jeder einen Eindruck davon, was es bedeu-
ten würde, außerhalb der Gruppe, außerhalb der Gesellschaft zu stehen. Paradoxerweise äußert sich die Furcht vor
der sozialen Blamage bei vielen Betroffenen nun wieder körperlich: mit Zittern, Stammeln, fahriger Motorik. Der Körper
ist im Alarmzustand, vollführt sinnlose Aktionen und Übersprungshandlungen, man kratzt sich, geht wortlos weg, lacht
unmotiviert auf. Manche leiden so stark, bis buchstäblich
die Schmerzgrenze erreicht ist (»Das war so peinlich, das tut
schon weh!«). Nach als peinlich empfundenen Situationen
versuchen die Betroffenen oft, die Situation im Nachhinein
zu retten, indem sie deutlich zeigen, dass ihnen der Regelver-
stoß oder das eigene Versagen bewusst ist. Stottern, Schwitzen, vor allem das Erröten, dienen deshalb als wichtige soziale Signale der Beschwichtigung und des Wunsches nach
Reintegration in die Gemeinschaft.

Diese Emotion ist deshalb so heftig, weil in der Situation
des Schämens archaische Ängste zum Vorschein kommen.
Es ist die Angst davor, nicht mehr von den anderen beachtet
und akzeptiert zu werden. Wenn uns die anderen verachten,
sich von uns abwenden, wird unser Recht auf Anwesenheit,

unser Recht darauf, ein soziales Wesen zu sein, bestritten. Wenn uns andere nicht mehr lieben und achten, verlieren wir schließlich auch die Selbstliebe und Selbstachtung, der soziale Tod ist in jeder Hinsicht existenzbedrohend. Bei jeder Beschämung, bei jeder Peinlichkeit, und sei sie auch noch so nebensächlich, schwingt diese Angst mit. In der peinlichen Situation, in der man sich bloßgestellt hat oder sich so fühlt, möchte man sich zunächst unsichtbar machen, als diejenige Person, die sich danebenbenommen hat, verschwinden und jemand anderes sein – deshalb die Körpersignale des Duckens, des Wegschauens, des Bedeckens der Augen. Man könnte fast sagen: Symbolisch löscht man sich selbst aus, um dann später die Chance auf einen Neuanfang zu haben. Dieses »Totstellen« ist auch eine Reaktion darauf, dass wir uns in der Situation der Blamage vollkommen wehrlos und unterlegen fühlen. Zwar haben wir in den allermeisten Fällen keine physische Gewalt zu befürchten, doch fürchten wir die Überlegenheitsgefühle und -gesten der anderen, zumal sich diese ja in Übereinstimmung mit dem eigenen Über-Ich befinden und damit auch mit unserer inneren »Selbstzwangsapparatur«, wie sie der Soziologe Norbert Elias nennt, welche »dem Individuum durch Andere, von denen es abhängig war und die ihm gegenüber daher ein gewisses Maß von Macht und Überlegenheit hatten, herangezüchtet worden war«.[16] Dazu mehr im nächsten Kapitel.

Hinter dem Peinlichkeitsempfinden steht drohend die Schamangst. Die Angst vor der Blamage gründet in der Furcht vor der sozialen Isolation, sie kann uns unterschwellig begleiten, aber auch in überwältigender Panik zutage treten und uns völlig kopflos machen. Scham ist auch deshalb so eine machtvolle Emotion, weil sie sich rasch ausbreiten und dabei alle anderen Gefühle überfluten kann – schließlich drohen in jeder Interaktion, in jeder sozialen Beziehung Bloßstellung und Normverfehlungen. Die Diskrepanz zwischen dem, was man von sich und was andere von einem selbst erwarten, kann sich jederzeit auf plötzliche und intensive Weise manifestieren. Zudem verstärkt sich diese Emotion wie in einem Teufelskreis ganz von selbst: »Ich schäme mich, weil ich verlegen bin, weil ich sprachlos bin, weil ich unwissend bin, weil ich – rot werde; Punktum: Ich schäme mich fürs Schämen«. Der amerikanisch-schweizerische Psychologe Léon Wurmser spricht davon, dass »die Schamangst ganz besonders sich selbst bestätigt und daher besonders leicht zu traumatischer Mobilisierung und Kontrollverlust führt«.[17] Die Schamangst warnt uns vor den Gefahren, die eine Bloßstellung mit sich bringt. Jeder hat im Inneren Gefühle, Erfahrungen und Sehnsüchte, die im Alltag nicht nach außen dringen sollen. Das Gefühl der Peinlichkeit ist ein Kontroll- und Schutzmechanismus, ein Alarmsignal, das ertönt, wenn dieser Bereich des Intimen offengelegt zu werden droht. Es bewahrt uns einerseits davor, dass andere Einblicke in unsere innere Welt, unsere verborgenen Wünsche, Sehnsüchte und Ängste erhalten, andererseits warnt es vor der Zerstörung eines Regelwerks, das mithilfe von Takt, Diskretion, Bescheidenheit und sexueller Zurückhaltung gegenseitigen Respekt und persönliche Integrität der Mitglieder einer Gemeinschaft sichert. Die soziale Funktion des Peinlichkeitserlebnisses liegt also in der Bestätigung der bestehenden Regeln. »Peinlichkeitsgefühle bremsen und regulieren egoistische und exhibitionistische Impulse«, so erläutert der Psychologe Wolfgang Rost deren Nützlichkeit. Wer sie verletzt hat, und deutlich macht, dass ihm diese Verletzung bewusst ist und er dies in irgendeiner Weise wiedergutmachen möchte, wird von den Mitmenschen als weit sympathischer und vertrauenswürdiger beurteilt als derjenige, der seinen Fauxpas stillschweigend und »cool« übergeht. Ersterer zeigt, dass er an den sozialen Regeln festhält, Respekt vor den anderen hat und Teil der Gemeinschaft bleiben will.

Stocken, Stümpern, Stottern – Das Schamgefühl und seine Erscheinungsformen

Die Schamangst markiert, was für die persönliche Integrität wichtig ist, welche Ansprüche man an sich und andere hat, und ist somit eine notwendige Maßnahme der Selbstvergewisserung. Scham gilt als die treue Begleiterin des Narzissmus, und das Schamgefühl ist einerseits eng verbunden mit dem Selbstbegriff, den jeder von sich hat, den persönlichen Idealen und Prägungen, dem sogenannten Körperselbst. Zugleich ist es eine soziale Emotion: Schamempfinden geht auf die Spannung zwischen dem Ich und seinem Ideal zurück, im Gegensatz zum Schuldgefühl, das aus der Spannung zwischen Ich und Über-Ich resultiert. Schuldgefühle beziehen sich auf die Verletzung des anderen, Schamgefühle auf die Verletzung des Selbst. Im ersten Kapitel haben wir bereits eine Unmenge peinlicher Situationen kennengelernt – die eine oder andere vielleicht auch schon selbst erlebt –, jetzt soll es darum gehen, diese Erscheinungen in verschiedene Kategorien einzuordnen.

Sucht man nach den Hauptquellen von peinlichen Situationen und Empfindungen, lassen sich die meisten in die Typen der *Körperscham*, der *Misserfolgsscham* und der *Überschreitungsscham* aufteilen. Körperscham ist ein wichtiges Phänomen der kindlichen und vor allem jugendlichen Entwicklungsphase, die mit dem Körperbewusstsein zusammenhängt. Man vergleicht den eigenen Körper mit dem gesellschaftlich vermittelten Idealbild und registriert sorgsam die Reaktionen der anderen auf das eigene Körperbild. Besonders in der Pubertät und den Jahren danach kann dies – wie schon erwähnt – zum beherrschenden Thema und zur Quelle intensiver Peinlichkeitsgefühle werden. Körperscham empfindet, wer den herrschenden Idealbildern nicht entspricht, wer aus diesen Gründen isoliert oder zurückgewiesen wird oder sich auch nur einbildet, deswegen abgelehnt zu werden. Traditionellerweise neigen Frauen eher zur Körperscham (»Bin ich schön, gepflegt, entspreche ich den gängigen Körperidealen, der Mode?«), während Männer primär die Kompetenzscham, die Misserfolgsscham fürchten (»Bin ich leistungsfähig, aktiv, souverän, innovativ?«). Körperscham kann aber auch durch Krankheiten, Zufälle und Ungeschicklichkeiten ausgelöst werden, die einen körperlichen Kontrollverlust anzeigen: Stolpern, Rülpsen, sich bekleckern usw. So blamierte sich eine Studentin vor 200 Zuschauern in einem vollen Hörsaal: »Ich musste in der Mathe-Vorlesung früher gehen, es mussten noch ein paar Leute aufstehen, um uns durchzulassen. Das war schon etwas laut. Meine Freundin war schon aus der Reihe raus auf der Treppe, und ich dachte gerade noch: ›Ups, du hast auch noch die lauten Schuhe an‹, da bleib ich mit meiner Handtasche an einem Tisch hängen und schlappe gleichzeitig mit einem Fuß aus meinen neuen Esprit-Pumps raus. Der Schuh fällt runter und klatscht eine Reihe vor uns auf den Boden, während ich nach vorne falle und auf allen vieren auf der Treppe lande, Handtasche noch um den Arm, aber nur noch einen Schuh an. Der ganze Hörsaal hat gelacht. Es war mir so furchtbar peinlich und ich musste dann sogar noch warten, bis ich meinen Schuh wieder zurückhatte. Dann bin ich einfach rausgerannt.« So weit die Mathe-Studentin Alina, die ihre Story in einer Onlinediskussion zum Thema »Blamagen« zum Besten gab.

Eine der ergiebigsten Quellen für Peinlichkeitsgefühle ist die Misserfolgsscham oder Kompetenzscham. Diese tritt auf, wenn die eigene Kompetenz, Kraft, Intellektualität und moralische Integrität durch selbst verantwortete Misserfolge in Zweifel gezogen werden könnte. Dazu gehört auch, der Lüge überführt zu werden. Für viele Menschen gibt es nichts Schlimmeres, als nach langen Jahren der Ausbildung und Berufstätigkeit Unfähigkeit und Unwissen zu offenbaren. Für andere ist es besonders heikel, wenn sie aufgefordert sind, vor Publikum zu referieren, etwas Wissens- oder Sehenswertes anzubieten, sich zu unterhalten oder sich souverän zu präsentieren, etwa bei einer Konferenz. Obwohl sie eigentlich kompetent sind, werden sie von Angst gelähmt. Denn falls der Vortrag im grellen Scheinwerferlicht der Bühne misslingt, wird die mangelnde Kompetenz wie unter der Lupe vergrößert – und ein Blackout oder Schwitzanfall auf der

Bühne ist umso schlimmer, je weiter der eigene Spezialisten-status schon gediehen ist. Fast schon traumatisch sind (besonders für Männer) Erlebnisse, die mit mangelndem technischen Verständnis oder unzureichenden handwerklichen Fähigkeiten verknüpft sind, während man Frauen eher nachsieht, wenn sie keine Reifen wechseln, nicht gut einparken oder PCs konfigurieren können. Unter die Rubrik der Kompetenzscham fallen auch mangelnde Eloquenz, Schlagfertigkeit, Geistesgegenwärtigkeit. Die Filmemacherin Doris Dörrie lieferte einmal dazu ein Musterbeispiel. Bei der Verleihung des Bundesfilmpreises 1995 war ihr Film *Keiner liebt mich* mit Silber prämiert worden: »Wir waren alle wahnsinnig aufgeregt und happy. Auf dem anschließenden Empfang kam ein Herr auf mich zu, groß gewachsen, weißhaarig. Er hat mir sehr nett gratuliert […] er sah aus wie ein Filmproduzent, da habe ich gefragt: ›Welchen Film produzieren Sie denn gerade?‹ Er hat ein bisschen gestutzt und sagte dann: ›Ja, ich wäre auch ganz gern Filmproduzent …‹ Später stellte sich heraus, es war Roman Herzog (der damalige Bundespräsident)!«

Für manche Zeitgenossen ist der Alptraum der Kompetenzscham so beängstigend, dass er tödliche Folgen haben kann. Der deutsche Industriellenerbe Gunter Sachs setzte seinem Leben am 7. Mai 2011 ein Ende, weil er an Alzheimer erkrankt war und die Aussicht, als vergesslicher Greis die restliche Lebenszeit dahinzudämmern, unerträglich fand. Er, der eloquente Playboy, Kunstsammler und Jet-Set-Senior wollte sich diesen Abgang ersparen und suchte den Freitod, als die ersten Vorboten der Krankheit auftauchten, als ihm die ersten Blackouts zusetzten. »Jene Bedrohung galt mir schon immer als einziges Kriterium, meinem Leben ein Ende zu setzen«, erläuterte er in seinem Abschiedsbrief. Eine Erkrankung wie im Falle von Sachs ist eigentlich kein Grund zur Scham, schließlich ist es ein schicksalhaftes Ereignis, das hier den Menschen heimsucht, und kein eigenes Versagen. Trotzdem würde es auf den Betroffenen, auf seine Fähigkeiten und letztlich auf seinen sozialen Status zurückfallen.

Ähnliches lässt sich über viele unabsichtliche oder zufällige Folgen unseres Handelns sagen, die zu Peinlichkeiten führen, die auf uns zurückfallen, weil wir die Gesamtsituation nicht unter Kontrolle gehabt haben. Manchmal ist es einfach Pech, sind es Unachtsamkeiten oder Missverständnisse, wie sie beispielsweise dem Autor unterliefen. Auf einem Empfang wurde er dem Gastgeber, einem älteren Herrn, vorgestellt. Eine junge Frau kam hinzu und der Autor, beschwingt vom Sekt, platzte heraus: ›Und Sie müssen die Tochter sein!‹ Dann wurde es ganz still und die junge Dame sagte säuerlich, sie sei die Gattin. Scheinbar freundlicher Vorwitz kann hier tödlich sein, wie auch im Fall einer vermuteten Schwangerschaft. Hier kann die joviale Frage »Wann ist es denn so weit?« die Angesprochene, die vielleicht mit Gewichtsproblemen zu kämpfen hat, der Lächerlichkeit preisgeben (besonders ungünstig, wenn es sich um die Gastgeberin handelt). Purer Slapstick entwickelt sich oft aus zufälligen Launen und Konstellationen. So versuchte die ehemalige *Tagesschau*-Sprecherin Eva Herman einmal im angeheiterten Zustand in einem Restaurant einen Tanzschritt zu demonstrieren: »Schwungvoll drehte ich mich auf dem Barhocker um, schwang das rechte Bein und – schwupps – flog mein hellroter, italienischer Pumps in hohem Bogen durch das feine Restaurant und landete, den Bleistiftabsatz in sein

Schnitzel bohrend, auf dem Hauptspeisenteller eines berühmten Bundesligasportlers. Unser Essen haben wir dann in einem anderen Restaurant eingenommen ...«

Viele peinliche Erlebnisse resultieren aber auch aus der sogenannten Überschreitungsscham – etwa wenn man gezwungen ist, eine unpassende Rolle zu spielen oder plötzlichen Anforderungen ausgesetzt ist, die das eigene Selbstverständnis in Frage stellen. Unter dem Begriff der Anpassungsscham versteht man Peinlichkeitsgefühle, die dadurch entstehen, dass man Erwartungen und Normen der Gruppe nicht erfüllt, darunter fallen z. B. Unhöflichkeit (aus Unwissenheit), Verspätung, Nichtbeachten des Dresscodes, Mangel an Bildung und Sprachvermögen, Mangel an Statussymbolen bis hin zu Verhaltensanomalien und Abweichungen von gängigen Geschlechterrollen.

Schamgefühle entstehen auch, wenn man aus erwünschten sozialen Beziehungen herausfällt (Ablehnung durch Freunde, Kollegen, Arbeitgeber, Partner), wenn man ausgestoßen wird (als klassische Strafe) und/oder allein ist oder dies zu sein glaubt. Manchen ist es generell peinlich, allein zu sein, zugeben zu müssen, dass sie Single sind. Diese Menschen gehen niemals allein ins Kino, zu Kunstausstellungen oder Konferenzen. Sie hassen es, bei Empfängen allein herumzustehen, weil sie wissen: Sie schaffen es nicht, sich an einen Stehtisch zu anderen, Unbekannten zu gesellen, auch weil sie glauben, die anderen würden dann denken: »Der ist alleine hier, die arme Sau, der kennt keinen, der ist ein Nichts«. Und manch eine gut gemeinte Single-Party oder -veranstaltung ist schon ins Wasser gefallen, weil sich keiner als einsames Herz zu erkennen geben wollte. Einige Kunstmuseen haben mit Formaten wie »Rendez-vous für Singles« experimentiert, doch die Zielgruppe empfand es schon als Zumutung, das Ticket dafür an der Kasse kaufen zu müssen. Anschließend sollte man im Museum gar einen rosa Button tragen, als Erkennungsmarke, die eigene Einsamkeit ausgestellt wie auf dem Präsentierteller. Und schließlich: Auch Künstler kennen den Alptraum, weithin sichtbar einsam und allein zu sein, vor leeren Rängen spielen, singen oder lesen zu müssen. Das offensichtliche Desinteresse der Öffentlichkeit, die Vorstellung, vom Publikum ignoriert, von den alten Fans vergessen worden zu sein, geht an keinem spurlos vorüber. Die Smashing Pumpkins nahmen ein blamabel schwach besuchtes Konzert, das sie im Frühjahr 2008 in der Münchner Olympiahalle gaben, dagegen mit Humor. Durch Trennbahnen war die Halle ohnehin schon um die Hälfte verkleinert worden, aber selbst auf den verbliebenen Rängen gab es reihenweise freie Sitzplätze. Die enttäuschende Kulisse von knapp 4000 Fans war einer der großen Rockbands der 90er-Jahre unwürdig. Frontman Billy Corgan vermutete: »Viele unserer Fans von damals müssen gestorben sein, ansonsten wären sie sicher heute hier. Ich kann ihre Geister spüren.«

»Wer den Schaden hat ...« – Schamlust und Schadenfreude

Blamagen sind nicht nur Quelle von Leid und Schrecken, sondern können auch Lust und Fröhlichkeit hervorrufen – natürlich vor allem bei denen, die nicht betroffen sind. Da gibt es zum einen das Phänomen der Schadenfreude, zum anderen die Schamlust. Zunächst zur Schadenfreude, im Übrigen eines der wenigen deutschen Fremdwörter in der englischen Sprache: Diese wird selten unverhohlen geäußert – denn wer sich lautstark über denjenigen belustigt, dem gerade ein Missgeschick widerfahren ist, macht sich selbst zur peinlichen Figur. »Dabei ist Schadenfreude«, so die Psychoanalytikerin Brigitte Boothe, »eine enorme Lustprämie, die im Anblick von Fremdschädigung einen kurzen Moment freien Gelächters ohne Gewissensdruck beschert.«[18] Trotzdem gilt es als grob und primitiv, einfach loszuprusten. Über die Fauxpas der anderen macht man sich deshalb eher klammheimlich lustig – oder man lebt seine Schadenfreude anonym aus, indem man peinliche Klatschgeschichten über Stars und Prominente konsumiert und sich an deren Pannen ergötzt. Eine ganze Kulturindustrie hat sich der Befriedigung der Schadenfreude angenommen: unzählige Filme, Bücher, Shows und Fernsehsendungen, Internetplattformen, Comedians und Clowns, denen gemeinsam ist, dass sie die Peinlichkeiten anderer aufdecken und selbst am eigenen Körper durchexerzieren, um ihr Publikum zu unterhalten. Endlich einmal, beim Betrachten peinlicher Videoclips, beim Ansehen einer Show, deren Hauptinhalt in der Blamage der Kandidaten besteht oder beim Genuss von Slapstick-Komödien können wir uns nach Herzenslust über die Missgeschicke und Schadensmeldungen anderer freuen.

Schamangst und Peinlichkeitsempfinden sind aber auch für den Betroffenen keineswegs rein negative Gefühle, hinter ihnen verbirgt sich oftmals auch eine ambivalente Lust. Die psychoanalytische Triebtheorie deutet Scham, wie schon erwähnt, als Reaktion gegen exhibitionistische Triebe. Schamgefühle stellen sich demnach ein, wenn der Wunsch, sich (in sexueller oder sonstiger, allgemeiner narzisstischer Hinsicht) gegenüber anderen zu exponieren, vom Über-Ich oder von äußeren Faktoren unterdrückt wird: Wir wollten stolz und freudig etwas von uns zeigen und wurden zurückgepfiffen, was uns dann unangenehm ist. Häufig steckt hinter einem Peinlichkeitserlebnis ein Konflikt. Manche Blamagen sind durchaus erwünscht, sie entstehen aus dem Bedürfnis, einen gewissen Aspekt der eigenen Persönlichkeit, einen Wunsch, eine Neigung scheinbar zufällig durchscheinen zu lassen, um sich dann anschließend für die Blamage zu entschuldigen. In diesem Fall verdeckt der scheinbar peinliche Fauxpas den uns noch peinlicheren Eindruck, wir könnten extrem eitel oder exhibitionistisch veranlagt sein. Ähnliches widerfährt demjenigen, der gelobt wird, und diese Auszeichnung errötend und tiefstapelnd entgegennimmt. Oder demjenigen, der, spontan aufgefordert in Gesellschaft eine Rede zu halten, sich erst verlegen ziert, dann aber doch lustvoll annimmt, weil es zwar die Gefahr einer Blamage, aber auch einen narzisstischen Gewinn in sich birgt. Verlegenheit und Erröten verbergen vor unseren Mitmenschen die Tatsache, dass wir uns in derartigen Situationen eigentlich sehr geschmeichelt fühlen und diese Hervorhebung außerordentlich genießen. Routinierte Schauspieler und Politiker nehmen Huldigungen dieser Art natürlich professionell zur Kenntnis, Lob lässt sie innerlich bisweilen kalt, und die Erfolgsgewöhnung mindert die Schamlust in diesem Fall erheblich.

Ebenso ambivalent wirkt Schamempfinden in der Erotik, wo das Wechselspiel aus Verhüllen und Entblättern, Abweisen und Einladen, Hin- und Wegschauen seinen ganz eigenen Reiz entfaltet. Flirtspezialistinnen wie Heike Blümner empfehlen den Damen folgende Performance: »Stellen Sie Augenkontakt her und fixieren Sie ihn mit einem kurzen eindringlichen Blick. Und schauen wieder weg. Nun lassen Sie ein wenig Zeit verstreichen und versuchen dann, erneut Blickkontakt herzustellen. In der Sekunde, in der sich Ihre Augen zum zweiten Mal treffen, wenden Sie den Blick sehr schnell und ruckartig ab und schauen Sie auf den Boden. Wenn Sie auf Kommando erröten können, tun Sie es jetzt!«[19] Die vermeintliche Schüchternheit zieht todsicher, die Kerle fühlen sich nun ermutigt, die scheinbar peinliche Situation mannhaft zu »klären«. Schamlust ist eben ein doppelgesichtiges Phänomen. Es sagt uns: »Ich möchte glänzen, möchte hervorgehoben, bewundert werden für meine Schönheit, meine Fähigkeiten, meinen Reichtum – aber die anderen sollen keineswegs denken, ich sei ein Angeber, denn das wäre doch nun wirklich peinlich!«

KAPITEL 3

PANORAMA DER PEINLICHKEITEN II – PEINLICHE PHYSIS

»Dumm rumgestanden, dumm ausgesehen, dumm gelaufen«

Das Gesicht ist wie eine dargereichte Visitenkarte. Der erste Eindruck, der vom ersten Blick herrührt, kann schon viel über den Charakter oder den Gemütszustand eines Menschen aussagen. Auch Körperhaltung und Gestik wirken bisweilen wie ein offenes Buch. In der Öffentlichkeit oder gegenüber Fremden bemüht man sich in der Regel, Gefühle zu verbergen. Unwohl fühlt sich, wer Unsicherheit, Angst, Wut, Trauer, Enttäuschung oder Eifersucht nicht verhehlen kann. Noch unwohler fühlt sich, wer einen sichtlichen äußerlichen Makel im Gesicht trägt. Nachfolgend einige Klassiker:

Pickel im Gesicht

Akne oder unreine Haut stören ungemein. Besonders übel sind dabei Herpesinfektionen an der Lippe. Manche bleiben in diesem Zustand dann lieber ganz zu Hause und müssen die eine oder andere Party sausen lassen. Schlecht, wenn man ausgerechnet dann einen großen Auftritt hat, der sich nicht verschieben lässt, wie etwa die legendäre Pressekonferenz im Jahr 2003 in Hamburg, als der populistische Innensenator Ronald Schill den Bürgermeister wegen dessen Homosexualität attackierte, und dabei aufgrund eines Herpes direkt unter der Nase fast wie eine Hitlerkarikatur wirkte.

Peinlich ist es aber auch für andere, beim Sprechen dauernd unwillkürlich auf diesen Makel starren zu müssen, was dadurch verstärkt wird, dass der Betroffene auch noch merkt, wie wir verzweifelt versuchen, *nicht* darauf zu starren. Ebenso unangenehm können Schwellungen infolge allergischer Reaktionen sein. US-Schauspieler Will Smith, unter anderem als *Hitch – der Date Doktor* bekannt geworden, berichtete seinerseits von einem höchst misslungenen Date in seiner Jugend. Kurz vor der Verabredung wurde er von einer Biene gestochen, und aufgrund einer Allergie schwoll sein Gesicht auf filmreif monströse Weise an. Smith berichtet: »Mädchen kann man damit wirklich schockieren. Wenn sie dich in so einem Zustand sehen, wollen sie einfach nur, dass man ganz schnell aus ihrem Blickfeld verschwindet. Und das war's dann wohl!«[20]

Fettglänzende Haut

Als unangenehm wird auch ein fettig schillerndes Gesicht, besonders eine glänzende Nase empfunden – oft bemerkt man erst später auf Partyfotos, wie schlimm das aussah.

Rotes Gesicht, rote Nasen, rote Ohren wirken selbstverständlich genauso peinlich.

Rot werden

Das Trauma aller Schüchternen, der Klassiker: unnötiger-
weise rot werden! Doch ihr seid nicht allein, sogar Claudia
Schiffer litt darunter, wie sie sich erinnert: »Früher wurde
ich rot, wenn mich jemand nur ansah!« Und Supermodel
Gisele Bündchen leidet noch heute, wenn man ihr glauben
mag: »Ich werde knallrot, wenn mich ein Mann anspricht!«
(Dinge wie diese erzählen die beiden jedenfalls gerne der Re-
genbogenpresse.) Mit der roten Gesichtsfarbe sorgt man für
Aufmerksamkeit, doch eigentlich ist sie ein beschwichtigen-
des Signal an die anderen, das besagt: »Ich habe einen Fehler gemacht und bin um Wiedergutmachung bemüht.« Doch
was ist, wenn man grundlos rot wird? Dann könnten die anderen denken, man hätte irgendetwas angestellt, müsse irgendetwas verbergen. Viele werden in Gesellschaft grundlos
rot, und manche bereits vor lauter Angst, rot werden zu können.

Groteskes Make-up

Makel im Gesicht können peinlich sein, ebenso aber auch das
übertriebene Bestreben, allzu perfekt auszusehen. Das führt
mitunter zu folgenden grauenhaften Make-up-Unfällen:
- zu dünn gezupfte, mit Augenbrauenstift nachgezogene
  Brauen (es sei denn, Sie sind als Pantomimeclown für einen Kindergeburtstag gebucht)
- massive Rougebalken oder Rougekreise
- zu heller Abdeckstift rund um die Augen (Brilleneffekt)
- zu dunkles Make-up, das am Hals plötzlich aufhört

- zu helles Make-up, das am Hals plötzlich aufhört
- zu kompakt aufgetragene Foundation, die im Laufe des Abends rissig wird und zu bröckeln anfängt.

Abartig braun sein

Extreme Sonnenbräune ist extrem peinlich. Im schlimmsten Fall sieht man noch dazu die karottenfarbige Künstlichkeit der Studiobestrahlung oder der allzu saftig aufgetragenen Bräunungscreme. Extreme Bräune findet man heute nur noch bei gesellschaftlichen Randgruppen oder in sehr speziellen Milieus: etwa bei Obdachlosen, Frührentnern, Solariumsinhabern, Zuhältern und ihren Angestellten, Yachtbesitzern oder eben bei: Dieter Bohlen.

Stereotype Schönheits-OPs

Früher war es peinlich, wenn auf einem Fest zwei Damen mit dem gleichen Kleid einander begegneten. Heute könnte es sein, dass es sich um das gleiche Gesicht handelt, bzw. um einen stereotypen Gesichtsausdruck, der dem gerade angesagten Schönheitschirurgen zu verdanken ist. Generell peinlich sind unübersehbare Manipulationen wie stereotyp schmalgehobelte Nasen, Schlauchbootlippen oder jugendliche Apfelbäckchen bei 60-Jährigen. US-Model Megan Fox, ohnehin schon gutaussehend, übertrieb es mit Hungerkuren und Gesichts-OPs bereits in jungen Jahren. Auch die französische First Lady wirkt inzwischen extrem künstlich: »Sie hat sich ihr Gesicht mit dem Chirurgen zusammen am Computer ausgesucht«, giftete eine Konkurrentin einmal über Carla Bruni:

»Die Wangenknochen erhöhen wir ein wenig mit Silikon, wir verkürzen die Nase und fügen ein wenig Kinn hinzu und zum Schluss ein paar Botoxinjektionen, um das Ganze zu fixieren.«[21]

Gehen wie der erste Mensch

Ein jugendlich-wippender Gang kann heiter-beschwingt wirken, strahlt mit zunehmendem Alter hingegen etwas Flatterhaftes, Realitätsfernes aus. Ein eher steifer Gang, ein würdevolles Einherschreiten, ist hingegen älteren Menschen in gehobenen, repräsentativen Positionen eigen. Es wirkt allerdings lächerlich, wenn es als aufgesetzte Masche kultiviert wird, wie etwa von arroganten Verkäufern in noblen Bekleidungsgeschäften. Auch peinlich: Männer mit Komplexen, die vor Kraft nicht laufen können, Schultern und Hüften beim Gehen mitbewegen, um stärker zu wirken und dann aussehen wie Neandertaler auf Mammutjagd.

Blöd herumstehen

Würdevoll dumm rumstehen will gelernt sein. Meistens scheitert man kläglich. Etwa so:
- schief gehaltene, abfallende oder nach vorne eingefallene Schultern
- angestrengt durchgedrückte Knie
- hektischer Wechsel von Stand- und Spielbein
- leblos herunterhängende Arme
- zwanghaft eng am Körper verschränkte Arme
- devot und beflissen die Hände vor der Brust falten

- breitbeinig wie ein Texaner daherkommen
- beide Fäuste geballt in den Hosentaschen, als ob man gleich auf jemanden losgeht.

Hilflose Hände

Halbherzige oder hektische Gestik stört enorm, denn sie signalisiert mangelnde Selbstsicherheit und Kompetenz, selbst wenn man gerade richtige und schlaue Dinge erzählt. Einen verräterischen nonverbalen Fauxpas konnte man bei der legendären Telekom-Hauptaktionärsversammlung von 2002 beobachten, bei der sich Ron Sommer hinter einem schildartigen Rednerpult verschanzte und obendrein von Bodyguards bewachen ließ. Als er auf die beschlossene Erhöhung der Vorstandsbezüge zu sprechen kam, fasste er sich mehr als 20 Mal an Brille oder Kinn – ein deutliches Zeichen, dass hier etwas faul war. Ein ähnlich entlarvendes Zeichen von Hilflosigkeit ist das Jackettlüften, das manche Manager bei unbequemen Fragen befällt.

Verlogenes Lächeln

In Asien ist es der öffentliche Gesichtsausdruck, den man wie eine Sonnenbrille aufsetzt, ohne die eigentliche Stimmungslage preiszugeben. Im Westen erkennt man das professionelle Berufslächeln an der übertrieben angehobenen, regelrecht festgefrorenen Oberlippe.

Peinliche Körper

Körper sind peinlich. Deshalb werden sie ja auch meistens unter Kleidung versteckt. Der Körper erinnert uns an die tierische, physische Seite unserer Existenz, an Sexualität, Schmerz, Gestank, Vergänglichkeit. Peinlich ist es, vor Fremden nackt zu sein, noch schlimmer aber, Leuten unverhofft nackt zu begegnen, denen man sonst nur im »zivilisierten« bekleideten Zustand, als Kollege, Vorgesetzter oder Amtsperson, gegenübertritt. Nackt sein bedeutet aber nicht unbedingt, schamlos zu sein. Denn auch dort, wo Nacktbaden üblich ist oder war, in Japan, in der russischen, finnischen Sauna oder bei einigen Naturvölkern auf Papua-Neuguinea, wo gar das ganze Sozialleben in völliger Nacktheit stattfindet, gilt der deutliche Blick auf die Geschlechtsorgane als peinlich oder gar als Annäherungsversuch, der bisweilen geahndet wird.

Generell peinlich ist auch die plötzliche körperliche Nähe zu Fremden (sofern dies nicht durch kulturelle Prägungen und bestimmte Rituale beim Arzt, Friseur usw. geregelt wird). Als unangenehm gelten zudem zufällige körperliche Berührungen, Verwechslungen von Fremden und Freunden bei Berührungen (aufgepasst beim Fußpetting unter dem Tisch!) oder das Überschreiten der Intimsphäre, beispielsweise wenn Kollegen, entfernte Verwandte, Bekannte ungehemmt den Bauch einer Hochschwangeren betatschen müssen.

Heftig schwitzen

Sie sind schweißüberströmt bei einem gesellschaftlichen Anlass – glauben, ungut zu riechen; vermuten das schweißnasse
Gesicht falle auf; denken, feuchte Flecken zeichneten sich
bereits auf der Kleidung ab, können aber die Oberbeklei-
dung nun nicht mehr ausziehen, denn das würde alles nur
noch viel, viel schlimmer machen. Schlimm auch, andere mit
schweißnassen Händen begrüßen zu müssen, peinlich der
Versuch, die Hände rasch noch an der eigenen Kleidung zu
trocknen, bevor es zum Handschlag kommt.

Beim Toilettengang beobachtet werden

Ein Alptraum: Die Tür geht plötzlich auf und man wird in
höchst unwürdiger Haltung mit herabgelassener Unterhose
gesehen. Jede Autorität, jede Grazie ist dahin. Bis in die frühen 1990er-Jahre hinein gab es übrigens noch Wohngemein-
schaften und Kommunen, die den 68er-Schlachtruf »Das
Private ist politisch« bitter ernst nahmen und die Klotüren
ausgehängt hatten. Nun konnte man beim Frühstück aus der
WG-Küche heraus beobachten, wie sich die Mitbewohner
auf der Toilette lautstark entleerten. Guten Appetit.

Eine feuchte Aussprache haben

Eine feuchte Aussprache ist immer unangenehm, doch wie
grässlich ist es, bei der angeregten, gehobenen Tischunterhal-
tung jemanden mit Speichel oder mit Speisebröckchen einzu-
decken! Zwar schreit kaum jemand dann angeekelt auf, doch

beide Seiten versuchen peinlich berührt, den Vorfall zu ignorieren. Auf der Bühne ist es manchmal fast unvermeidlich, jemanden mit Speicheltropfen zu treffen, besonders beim lauten Deklamieren oder Singen. Manche Theaterbesucher wissen schon, warum sie sich nie in die ersten drei Reihen setzen. Glücklich für alle Beteiligten, wenn das Malheur nahezu unbemerkt bleibt, wie beispielsweise bei jener Feier im Restaurant Planet Hollywood im Mai 1997, von der Madonnas Bruder Christopher Ciccone in seiner Autobiografie berichtete: »Iggy Pop singt, und während seines Songs spuckt er aus Versehen auf Kate Moss. Ich gehe in Deckung.« Glücklicherweise bemerkte das Supermodel die Spuckattacke überhaupt nicht, weil es gerade damit beschäftigt war, Champagner direkt aus der Flasche zu trinken.[22]

Furzen im Aufzug

Sind mehrere Personen im Aufzug, kann man ein Pokerface aufsetzen oder sich nach der Devise »Haltet den Dieb« entrüstet umblicken. Mit nur einem weiteren Passagier ist man als Täter entlarvt. Dann folgt meist betretenes Schweigen – sofern keiner lacht oder Witze macht.

Sich in die Kleidung entleeren

In-die-Hose-Machen ist für Erwachsene eine sehr peinliche Begebenheit (von Durchfallerkrankungen und Situationen der Todesangst abgesehen), da hier ein Rückfall in vorzivilisatorische Zustände, quasi ins Babyalter oder gar Tierreich angedeutet wird. In manchen Fällen ist das Einpullern sogar gestattet und gilt nicht als ehrenrührig – etwa bei bestimmten Trinkritualen oder beim Ironman-Wettbewerb, wo sich manche Teilnehmer aus Zeitgründen die Toilettenpause sparen und den Urin beim Laufen einfach an den Beinen herunterrinnen lassen. Ein Kontrollverlust über die eigenen Köperöffnungen findet in der Regel aber nur im volltrunkenen Zustand statt, wo es durchaus vorkommt, dass Alkoholisierte sich im Bett (bzw. im Suff) einkoten und morgens in einer Art Fangopackung erwachen. Krankenhäuser und Ausnüchterungseinrichtungen halten deshalb Riesenwindeln für Erwachsene vorrätig, und so manch ein harter Kerl musste am nächsten Morgen feststellen, dass er wieder zum Baby geworden war.

Noch schlimmer ist dran, wem Vergleichbares bei vollem Bewusstsein passiert, so beispielsweise Helmut Berger, Filmstar der 1970er, der in den letzten Jahren vor allem wegen bizarrer TV-Auftritte auffiel. Die Presse spottet heute gern über den abgewrackten Star und nennt ihn einen Grandseigneur, der zum Clochard wurde. Bis dato neigt er in Interviews zu Anzüglichkeiten und Ausfällen und bringt Moderatoren in peinliche Situationen, erlitt aber im Jahr 1971 selbst ein wahres Martyrium der Blamage: Beim Rotkreuzball in Monaco entleerte er sich in seine Hose – da es sich um eine blütenweiße Hose handelte, musste er den ganzen Abend sitzen bleiben. Irgendwann war der Ball zu Ende, und die Sache kam doch zum Vorschein. Berger selbst führte den Vorfall auf »schlechtes Kokain« zurück.

Ein öffentliches WC benutzen müssen

Männer wählen in der Regel die am weitesten auseinander-
liegenden Urinale, um neugierigen Blicken zu entgehen und
nicht in den Verdacht zu kommen, homosexuelle Spanner zu
sein. Ist das nicht möglich, blickt man beim Urinieren starr
auf den Strahl, an die Decke oder gerade auf die Wand und
wenn man Glück hat, gibt's dort sogar was zu lesen. Etwa:
»Lies nicht die Witze an der Wand, den kleinsten hältst du in
der Hand!« u. v. m. Manche Männer können in Gegenwart
anderer überhaupt nicht pieseln.

Mit der Super-Size-Klopapierpackung unterwegs sein

Jemanden (den Chef, die Angebetete, die Nachbarn) zufällig
beim Kauf von Toilettenpapier, Schwangerschaftstests, Tam-
pons, Kondomen oder Unterwäsche zu treffen ist stets unangenehm. Es gibt beispielsweise Leute, die es unter allen Umständen vermeiden, mit einer Großpackung Toilettenpapier
unterm Arm auf der Straße gesehen zu werden, diesen Hygieneartikel stattdessen konspirativ in Kleinstmengen einkaufen und so in die eigene Wohnung schmuggeln.

Eine unerklärliche Psychosomatik entwickeln

Am rätselhaftesten und peinlichsten sind psychisch bedingte
Körperreaktionen, die scheinbar willkürlich und unvorherseh-
bar auftreten. Die amerikanische Schriftstellerin Siri Hustvedt
beschrieb einmal einen seltsamen Anfall, den sie während eines Vortrags über ihren Vater bekam: »Ich öffnete den Mund

und begann vom Hals abwärts an zu zittern. Meine Arme zuckten. Die Knie knickten ein. Ich zitterte so stark, als hätte ich einen Krampfanfall. Komischerweise war meine Stimme nicht betroffen.« Hustvedt konnte den Vortrag trotz alledem über die Bühne bringen, ihre 50 Zuhörer hörten taktvoll zu. »Meine Mutter sagte«, erinnerte sich Hustvedt später, »sie hätte den Eindruck gehabt, einer Hinrichtung auf dem elektrischen Stuhl beizuwohnen. Es schien, als hätte irgendeine unbekannte Macht plötzlich meinen Körper übernommen.«[23]

Peinliche Krankheiten

Erkrankungen können lebensbedrohlich, schmerzhaft, lästig sein, einige gelten jedoch als ausgesprochen peinlich, und die Betroffenen verzichten aus Gründen der Diskretion nur allzu gerne auf das Mitgefühl anderer. Dies betrifft vor allem gesundheitliche Probleme, die mit mangelnder Hygiene oder häufig wechselnden Sexualkontakten in Zusammenhang stehen: Läuse, Flöhe, Krätze, Pilzbefall und Geschlechtskrankheiten. Auch psychische Probleme werden von den Betroffenen oftmals so lange wie möglich verheimlicht, könnte doch der Gang zum Psychotherapeuten oder gar der Aufenthalt in einer entsprechenden Klinik anderen als Beweis dienen, dass man verrückt oder zumindest labil und wenig belastbar sei. Es gibt sogar Verheiratete, die dem Partner jahrelang verheimlichen, dass sie sich in wöchentlicher therapeutischer Behandlung befinden. Deutschland ist eben noch längst nicht das Manhattan eines Woody Allen, wo sich jeder einmal die Woche auf die Couch legt und die Psychotherapie als Statussymbol gilt.

KAPITEL 4

GESCHICHTE DER BLAMAGE

Die Blamage – Errungenschaft der Zivilisation

Das, was man als peinlich empfindet, ist von der Sozialisation und dem Charakter bestimmt, ist einerseits gesellschaftlich und andererseits auch ganz individuell bedingt, denn jeder merkt sich von Kindesbeinen an Szenen, die ihn in seinem Peinlichkeitsempfinden geprägt haben und speichert diese in einem persönlichen »Missgeschickskatalog«. Das gesellschaftliche Peinlichkeitsempfinden, das unser aller Blamagenkataloge prägt, ändert sich mit der Zeit allerdings. Es unterscheidet sich von Land zu Land, von Kultur zu Kultur, von Epoche zu Epoche. Der Soziologe Norbert Elias warf in seinem Standardwerk *Über den Prozess der Zivilisation* gar die These auf, dass die immer höher werdenden Scham- und Peinlichkeitsbarrieren den eigentlichen Prozess der Zivilisierung ausmachten. Sich blamieren zu können wäre demnach eine große zivilisatorische Leistung.

Elias zufolge entstand das Peinlichkeitsempfinden im Zuge der Ausdifferenzierung von Arbeitswelt und Sozialstruktur im 16. Jahrhundert. Handel und Handwerk, Verkehr und Feste machten es notwendig, immer häufiger mit Fremden zu verkehren oder mit Kollegen auf engem Raum zusammenzuarbeiten: »Der Einzelne wird gezwungen, sein Verhalten immer differenzierter, immer gleichmäßiger und stabiler zu regulieren.« Dazu, führte Elias aus, sei der Aufbau eines »inneren Selbstzwangapparates« notwendig geworden, der eine differenziertere und stabilere Regelung des Verhaltens quasi automatisch regele und auch dann funktioniere, wenn sich die Menschen willentlich dagegenstemmten.[24] In der sich verfeinernden Wirtschafts- und Sozialordnung des neuzeitlichen Europas war eine stärkere und dauerhafte Affektkontrolle notwendig geworden, die Scham- und Peinlichkeitsgrenze rückte weiter vor. Zunächst war dieser Vorgang noch klassen- bzw. standesspezifisch, war also auf die Oberschichten beschränkt. Erst später, im bürgerlichen Zeitalter, fand das »gute Benehmen« in der ganzen Gesellschaft Verbreitung, wobei das Verhalten der Oberschichten oftmals als vorbildhaft und prestigeträchtig galt und deshalb nachgeahmt wurde. In der ersten Phase dieses Prozesses wurden die vormals direkt ausgelebten Affekte durch ein äußeres Regelwerk von Vorschriften und Sanktionen unterdrückt, in einer zweiten Phase sind diese Regeln schon so verinnerlicht worden, dass sie gar nicht mehr als Folge äußeren Zwanges wahrgenommen werden. Damit hatte sich das zwischenmenschliche Konfliktpotenzial von der äußeren in die innere Welt verlagert: Spannungen, die sich früher in gewaltsamen Kämpfen entluden, wurden nun als innere Spannung im Kampf des Einzelnen mit sich selbst erlebt und bewältigt. Nun wurde etwa die Gefahr, dass ein Fest, ein Tanzabend oder ein sonstiger gesellschaftlicher Anlass plötzlich durch Wut und Effekt in eine mörderische Auseinandersetzung kippen könnte, geringer. Stattdessen verwandelte sich die Öffentlichkeit in eine Zone anderer Gefahren, insofern als dass man nun an die eigene Schamgrenze oder an die Peinlichkeitsschwelle der anderen rührte.

Gefühle wurden zunehmend Privatsache, die in der öffentlichen Sphäre geäußerten Emotionen als peinlich empfunden, der Gefühlsausbruch als Kontrollverlust des Individuums gefürchtet. Im weiteren Verlauf der Kulturgeschichte,
besonders im 20. Jahrhundert, kam es zu einer Lockerung,
bei dem der Umgang mit der eigenen Körperlichkeit und mit
den anderen Menschen generell informeller wurde. Wobei
aber der im Laufe der Zivilisationsgeschichte entwickelte innere Selbstzwangapparat im Wesentlichen erhalten blieb. In
der Moderne beobachten wir nun einerseits eine immer fei-
nere Ausdifferenzierung des verinnerlichten Peinlichkeits-
und Anstandsgefühls, andererseits aber auch Befreiungsten-
denzen der Gefühlswelt (z. B. die Lebensreformbewegung
um 1900, die Hippie-Zeit in den 1960er-/70er-Jahren oder
die Rave-Kultur in den 1990ern). Wiederum riefen diese Moden emotionaler Befreiung jedes Mal Gegentendenzen hervor: So kann etwa die extreme Selbstkontrolle der »coolen«
1980er-Jahre als Reaktion auf die sexuelle Befreiung und den
ungezwungenen Lebensstil der 1970er interpretiert werden.
Summa summarum lässt sich in den letzten 250 Jahren eine
Pendelbewegung feststellen zwischen einer gefühlsbetonten,
schwärmerischen Kultur und einer rationalen, kontrolliert-
kühlen Grundhaltung. Die Kernfrage dabei ist: Wie steht
man zu Gefühlen? Lässt man sie zu, wird es akzeptiert und
erwartet, dass man sie äußert oder gilt dies als peinlich? Oft
geht es auch darum, in welcher Form Gefühle ausgedrückt
werden, dies macht dann den Unterschied zwischen »bewe-
gend« und »blamabel«. Um einen kleinen Eindruck davon
zu vermitteln, dass die Kultur- und Sittengeschichte eben
auch immer eine Geschichte der Peinlichkeiten ist, richten

wir den Blick zunächst exemplarisch auf die höfische Kultur Frankreichs, bevor wir unseren Streifzug im 19. und 20. Jahrhundert fortsetzen.

Ridicule! – Blamieren bei Hofe im 18. Jahrhundert

Der Begriff der »Blamage« wurde im 18. Jahrhundert mit der Bedeutung »Beschämung« oder »Schande« aus dem französischen *blâmer* (= tadeln) entlehnt. Das französische *blâmer* ging wiederum auf das lateinische *blasphemare* (= lästern, schmähen) zurück. Das Verb »blamieren« in der Bedeutung »bloßstellen, beschämen« wird im deutschen Sprachraum bereits seit dem 17. Jahrhundert verwendet. Der französische Hofstaat und an seiner Spitze der König waren in ganz Europa das Leitbild für alle Fürstenhöfe und alle gebildeten Menschen. Ob in der Sprache und Literatur, in den Sitten und Gebräuchen, ob im Theater und in der Kunst: Alle versuchten dem Vorbild Versailles möglichst nahezukommen. Dabei waren strenge Regelwerke und Formvorgaben einzuhalten, um sich nicht zu blamieren. Allein der König stand über allen Dingen und war womöglich der einzige Mensch im Staat, dem absolut gar nichts peinlich zu sein brauchte. So hatte Ludwig XV. nichts daran auszusetzen, eine Dame zweifelhafter Abkunft zur Hauptmätresse zu machen, über die sich die Hofgesellschaft das Maul zerriss: Madame du Barry (geb. 1743) war als Marie-Jeanne Bécu in äußerst ärmlichen Verhältnissen geboren worden, als uneheliche Tochter einer Näherin. Als sie nach Paris kam, arbeitete sie zunächst in einem Modehaus und später als Prostituierte. Der Graf Jean-

Baptiste du Barry gabelte sie eines Tages auf und versuchte, die Blondine dem König als Mätresse zu vermitteln, um auf diese Weise mehr Einfluss am Hof zu erhalten. Um ihre blamable Herkunft zu verschleiern, ließ er ihre Geburtsurkunde fälschen und verheiratete sie pro forma mit seinem Bruder. Der Plan ging auf: Im April 1769 konnte sie als Adlige am Hof eingeführt werden und vermochte den alten König bald mit ihrem Charme und ihren Reizen zu betören. Sie bekam von ihm eigene Wohnräume in Versailles, großzügige Unterstützung, Schmuck und sogar ein eigenes kleines Schloss zur Verfügung gestellt. Trotzdem verstummten die Gerüchte um ihre Herkunft nicht. Nach der bürgerlichen Mätresse Madame du Pompadour (1721–1764) galt die ehemalige Prostituierte du Barry als noch peinlicherer Missgriff des Königs. Und es war wohl kein Zufall, dass sie nach der Revolution am 8. Dezember 1793 unter außergewöhnlich demütigenden Umständen hingerichtet wurde – war sie doch zum Sinnbild für die »Verkommenheit« der Bourbonen geworden.

Zurück zum Vorgänger Ludwigs XV., dem großartigen Ludwig XIV., der es etwa keineswegs blamabel fand, weder lesen noch schreiben zu können, er hasste Bildung geradezu und verhehlte dies auch nicht. Ein Charakteristikum im Leben des Königs war der Mangel an Intimität. Das höfische Zeremoniell erlaubte dem Regenten oder seinen Söhnen nur seltene Momente der Privatheit. Alles, was sie taten, war staatstragend, war in gewisser Weise öffentlich, selbst das Entleeren des Nachttopfes oder das Verrichten des großen Geschäfts, bei dem bisweilen Gäste vorgeladen waren, um den Herrscher oder seine Nachkommen zu unterhalten. So berichtete die Herzogin von Orléans, Elisabeth Charlotte, im Jahr 1716, dass sie nun schon oft dem Herzog Ludwig von Burgund, Sprössling Ludwigs XIV., bei der Verrichtung seiner Notdurft hatte assistieren dürfen: »Er hatte gern, daß man ihm auf dem Kackstuhl entretenirte, aber es ging gar modest, denn man sprach mit ihm, und wandte ihm den Rücken zu, ich habe ihn so schon oft entretenirt, in seiner Gemahlin Kabinett, die lachte von Herzen darüber …«[25] Erst recht waren die Mahlzeiten des Königs ein öffentliches Ereignis. Das öffentliche Diner von Ludwig XVI. und Marie Antoinette in Versailles war selbst niederen Ständen zugänglich (was ausländische Besucher sehr erstaunte), sofern sie sich an eine bestimmte Kleiderordnung hielten. Wie bei einer Safari drängten sich die Schaulustigen um die Essenden, wobei König und Königin steif und wortlos nebeneinandersaßen, und Marie Antoinette nur in den seltensten Fällen tatsächlich etwas zu sich nahm (zeitweise galt es als besonders fein, trotz aller aufgetischten kulinarischen Sensationen nichts zu essen oder allenfalls eine Bouillon zu schlürfen). Selbst das Liebes- und Eheleben des königlichen Paares war Gegenstand öffentlichen, sogar internationalen Interesses, vor allem die sieben Jahre während Kinderlosigkeit von Marie Antoinette und Ludwig XVI. Offenbar hatte Marie Antoinette ihrem Bruder, dem österreichischen Kaiser Joseph II., verraten, wie es im Bett so lief. Joseph wiederum hielt dies in einem Brief fest, in dem er über seinen französischen Schwager schrieb: »Er ist ein bißchen ein Schwächling, aber kein Dummkopf […]. Das Geheimnis liegt im Ehebett. Er hat ausgezeichnete Erektionen, führt sein Glied ein, verharrt dort regungslos vielleicht zwei Minuten lang, und ohne sich zu ergießen, zieht er sein immer noch aufrecht stehendes Glied zurück und wünscht seiner Frau Gute Nacht.«[26] So konnte es natürlich mit dem Nachwuchs nichts werden.

In der Hofgesellschaft jener Zeit wurde unablässig posiert, in Szene gesetzt, geschauspielert. Alles war künstlich, und die wahre Kunst bestand darin, selbst scheinbar intime, »natürliche« Situationen durch geschickte Regie herbeizuführen. Eine Dame machte ihre intime Toilette nicht etwa deshalb in Gegenwart von Bekannten und Gästen, weil sie peinlicherweise überrascht worden wäre, sondern weil sich beim Schminken und Frisieren ideale Gelegenheit für delikate Posen aller Art ergaben – vergleichbar mit dem scheinbar peinlichen Moment des Strumpfbandrichtens, bei dem die Dame in einer dramatischen Handlung sämtliche Röcke raffen musste, und so alle Blicke auf sich ziehen konnte. Zur abgefeimten Maskerade und Schauspielerei der französischen Gesellschaft im 18. Jahrhundert gehörte es auch, sich bei Bedarf als »verlegen« und »unschuldig« zu inszenieren. Es gab sogar Taschentücher, die chemisch imprägniert waren, sodass sie eine Rötung hervorriefen, wenn man sie ans Gesicht hielt. Das Erröten wirkte dann umso effektvoller, je porzellanartiger der Teint der Dame war – die Modehautfarbe jener Zeit war bekanntlich weiß. Gesunde Apfelbäckchen oder gar sonnengebräunte Haut galten als peinlich und bäurisch. Durch Puder oder kontrasterzeugende schwarze Schönheitsflecken, oft in Form von »Schminkpflästerchen«, wurde notfalls nachgeholfen, um den Teint noch heller erscheinen zu lassen. Die Kleider- und Haarmode folgte in der Regel den höfischen Vorbildern. Die junge attraktive Königin Marie Antoinette –

sie war im Alter von 14 Jahren verheiratet worden – setzte im *Ancien Régime* die entsprechenden Impulse. Einmal, so berichtete ihr Starfriseur Léonard nicht ohne Befriedigung, habe Marie bei einem Opernbesuch einen Tumult ausgelöst, denn jeder wollte als Erster einen Blick auf ihre neue Frisur werfen: »Die Leute auf dem Parkett zerdrückten sich in dem Verlangen, dieses Meisterstück zu sehen. Drei Arme wurden ausgekugelt, zwei Rippen gebrochen, drei Füße zerquetscht – kurz, mein Triumph war vollkommen.«[27] Die Königin selbst soll es als peinlich-lächerlich empfunden haben, wie die Hofdamen und Frauen unterer Stände sich bemühten, ihren Stil nachzuahmen. Einmal ließ sich Marie Antoinette beim Opernbesuch sogar Radieschen in die Perücke stecken, um zu sehen, wie weit ihre Autorität als Modevorbild reichte – die ironische Geste wurde allerdings verstanden, und der Radieschen-Look blieb aus. Die Kostümbesessenheit jener Epoche war enorm, keine Modetorheit wurde ausgelassen, so war zeitweise ein opulenter Federschmuck *en vogue*, peinlich nur, wenn diese *fashion victims* in einen Regenguss gerieten und sich ihr elegantes Erscheinungsbild binnen Minuten in das Aussehen nasser Hennen verwandelte. Der Mode- und Frisurenwahn erfasste, von oben ausgehend, auch die mittleren und unteren städtischen Schichten. Es entstand ein reger Handel mit bezahlbarer Secondhand-Bekleidung und gebrauchten Perücken. Auf diese Weise geriet die Kleiderordnung bedrohlich ins Wanken, und es häuften sich peinliche Begebenheiten, bei denen etwa Köche oder Lakaien schicker auftraten als die Gäste und Herrschaften.

Impertinente Verstöße gegen den modischen Codex sorgten stets für Gesprächsstoff an den Fürstenhöfen und Salons. Die reiche Bankierstochter Germaine de Staël, die sich als Salondame und Intellektuelle einen Namen machte, provozierte die Pariser Society nicht zuletzt auch durch ihr Outfit: Obwohl füllig und nach damaligen Maßstäben keine Schönheit, trug sie weit ausgeschnittene und nackenfreie Kleider, ihr Dekolleté war kaum zu überbieten. Der feinen Gesellschaft galt dieses Auftreten als außerordentlich peinlich, und sie überschüttete Madame mit Häme und Spott. Im merkwürdigen Kontrast zur vollendeten äußeren Form, zur Kleider- und Haarmode stand jedoch die Körperpflege. Niemandem war es peinlich, sich äußerst selten zu waschen, im Gegenteil, manche Ärzte rieten sogar ausdrücklich vom direkten Kontakt mit Wasser ab, da man dadurch eine Schwächung der inneren Organe befürchtete. Auch die feinen Herrschaften müssen folglich furchtbar gestunken haben, unter den Perücken juckte die Haut, und in den Haargebirgen tummelten sich Läuse und Flöhe in rauen Mengen. Und trotz aller Pracht schämte sich in Versailles wie in anderen vornehmen Häusern niemand dafür, seine Ausscheidungen ohne Vorwarnung aus dem Fenster kippen zu lassen – in Versailles war es daher angezeigt, stets nur mit aufgespannten Lederschirmen im Park zu lustwandeln. Der ganze Hofstaat stank unter seinen Perücken und schönen Kleidern vor sich hin. In der später folgenden Revolutionszeit schrieb die Mode dann sogar vor, sich ganz offen als möglichst schmuddeliger Stinker zu präsentieren: Auch die Aristokraten trugen nun schmutzige Arbeiterhosen und -jacken, Hüte oder gingen gar barhäuptig. Damit wollte man patriotische Tatkraft und Geschäftigkeit demonstrieren, für Frisur- oder Kostümierungsprobleme habe man nun keine Zeit mehr. Tatsächlich war es aber häufig ein sorgfältig stilisierter Schmuddel-Look, eine hochgradig gekünstelte Ungepflegtheit.[28] Dennoch wäre diese Mode wenige Jahre zuvor noch unendlich peinlich gewesen: Statt turmhoher Perücken trugen die Frauen nun römische Kurzhaarfrisuren, und die Männer liefen kurzgeschoren und ungepudert herum wie englische Bauern. *Ridicule!*

Mangelnde Form konnte aber nicht nur in der Mode zu Blamagen führen, auch die Art sich zu bewegen, zu gehen oder zu stehen war streng geregelt. Stürze und rasche Bewegungen mussten in der formalen Kleidung unbedingt vermieden werden – man denke nur an die tonnenartigen Reifröcke, langen Schleppen und an die Frisuren mit hohen Aufbauten und ausladenden Applikationen. Es waren gezierte, kontrollierte Gesten und extrem formalisierte Tanzschritte angesagt: der Mensch als stehende und wandelnde Skulptur. Marie Antoinette schaffte es einmal, bei einem Jagdausritt in so hohem Bogen abgeworfen zu werden, dass sie kopfüber in ein Gebüsch stürzte und ihre Röcke über den Kopf schlugen, während ihre Beine steil in die Höhe ragten – nicht gerade ein majestätischer Anblick. Doch die junge Österreicherin nahm die Sache locker und teilte den Zofen lakonisch mit: »Man muss eben zu fallen wissen, meine Damen!«[29] Tatsächlich mussten die Röcke wie ein Fallschirm gewirkt und den Sturz somit rettend abgefedert haben. Ein weiterer positiver Effekt des voluminösen Reifrocks: Peinliche Schwangerschaften infolge von Seitensprüngen ließen sich auf diese Weise lange verbergen, bis in den sechsten, siebten Monat hinein.

Männer waren blamablen Unfällen beim Tanz- oder Balzverhalten natürlich ebenso ausgesetzt. Der englische Intellektuelle Edward Gibbon (von ihm stammte der epochale Bestseller *Vom Aufstieg und Fall des Römischen Reiches*) beispielsweise machte einmal einer schönen Dame den Hof und kniete vor ihr nieder. Leider war er so dick, dass er sich danach nicht mehr aus eigener Kraft erheben konnte. Die Kniefallszene ging in die Verlängerung, bis sich Diener endlich erbarmten, dem Freier, dem inzwischen die Worte ausgegangen waren, aufzuhelfen.[30] Ähnlich unelegant präsentierte sich Benjamin Franklin, einer der Gründerväter der USA. Er berichtete in seiner Autobiografie über eine peinliche Begegnung mit seiner späteren Frau. Der Bostoner Franklin war auf Arbeitssuche als junger Mann nach Philadelphia gekommen und wollte beim Bäcker für drei Pence Brot kaufen, kannte jedoch die ortsüblichen Preise nicht. So bekam er überraschend viel für sein Geld, drei große Brote, die nicht in seine Taschen passten: »So entfernte ich mich mit einem Brot unter jeden Arm, während ich vom dritten aß. So schritt ich durch die Market Street und ging am Haus des Mr. Read, des Vaters meiner künftigen Frau, vorbei. Diese stand vor der Tür und mochte mich mit vollkommenen Recht für eine gar seltsame und lächerliche Figur halten.«[31] Am Ende wurden sie doch ein Paar, denn Benjamin kam aus gutem Hause und erwies sich darüber hinaus als äußerst tüchtig.

Zum formvollendeten Verhalten an den europäischen Fürstenhöfen zählte auch der Sprachgebrauch. Wer den Sprachwitz und ein elegantes Hochfranzösisch nicht beherrschte, wer die angesagten Theaterstücke und literarischen Werke nicht kannte, drohte sich in der Konversation lächerlich zu machen, wurde als Einfaltspinsel oder Provinzler verspottet. Die Fähigkeit, andere mithilfe eines scharfen Esprits, mit verbaler Schlagfertigkeit der Lächerlichkeit preisgeben zu können, galt im Versailler Milieu als hohe Kunst – Florettfechten mit Worten, das Spiel mit der Peinlichkeit als Duell. Die penible Durchführung jeder Handlung am Hof, der strenge Formalismus beim Essen, Tanzen oder Sprechen war existenziell wichtig, um eine gute Position im Hofstaat zu erringen und sich gleichzeitig nach unten, zu den niederen Ständen abzugrenzen. Die kunstvolle Anlage von Haus oder Park, die Ausschmückung der Zimmer, die niveauvolle Konversation, der galante Flirt – dies alles war im Zeitalter des Absolutismus nicht etwa Privatvergnügen und Geschmackssache, es waren notwendige Mittel, um eine bestimmte gesellschaftliche Position zu erringen oder zu halten. Sie gehörten mit zu den Voraussetzungen für die Achtung der anderen, für den gesellschaftlichen Erfolg, der hier die gleiche Rolle spielte, wie später der Berufserfolg in der bürgerlichen Gesellschaft. Paradoxerweise wuchs mit der Diktatur der Form die Sehnsucht nach ungezwungener, volkstümlicher Unterhaltung. So kam es zu dem Phänomen, dass sich feine Herrschaften auf Rummelplätzen und in Volkstheatern herumtrieben. Ein wenig peinlich war es ihnen allerdings schon, und deshalb bauten viele Theater bald Logen mit Fenstergittern, hinter denen die hohen Gäste sicher verborgen waren und das Geschehen mit Operngläsern beobachten konnten, ohne selbst gesehen zu werden.

Als später Napoleon das monarchistische System nach den Wirren der Revolution erneuerte, kam es zu einer Renaissance der Hofrituale und der förmlichen Verhaltensregeln. Allerdings war Napoleons Hofleben von kalter Repräsentationssucht und langweiliger Geistlosigkeit geprägt, nicht zuletzt, weil der Kaiser selbst keinerlei Interesse an Kunst oder Bildung besaß. Selbst sein Essen schlang er kulturlos hinunter. Kunstwerke interessierten diesen Machtmenschen nur insofern, als sie für repräsentative Zwecke nützlich sein konnten. Er selbst war hingegen wenig repräsentativ, im Gegenteil, schien er äußerlich doch eine ziemliche Fehlbesetzung für die Rolle des Imperators zu sein: »Er ist auffallend hässlich, ein dickes, aufgedunsenes braunes Gesicht, dabei ist er korpulent, klein und ganz ohne Figur, seine großen runden Augen rollen unheimlich umher ...«, so beschrieb die preußische Oberhofmeisterin Sophie Marie Gräfin von Voss den feindlichen Monarchen während der Friedensverhandlungen im Jahr 1807.[32] Es scheint Napoleon daher viel daran gelegen zu haben, den peinlichen Kontrast zwischen persönlichem Erscheinungsbild und Herrscherrolle durch immer neue Statussymbole, prachtvolle Insignien und höfische Rituale zu überdecken. Gefürchtet war seine Masche, einzelne Mitglieder des Hofstaates in aller Öffentlichkeit zu blamieren. Auf Festen und Empfängen wartete man angstvoll auf das Erscheinen des Kaisers. »Sobald der Ruf ›der Kaiser‹ sich vernehmen lässt, erbleichen wir; ich kenne Einige, wackere Kerle, die am ganzen Leibe zittern«, so beschrieb ein Marschall die Situation, in der der Kaiser in den Festsaal eintrat. Napoleon, die Hand charakteristisch in der Westentasche, durchschritt dann langsam die Reihen und ließ hier und dort eine taktlose oder gar beleidigende Bemerkung fallen, die die Angesprochenen vor aller Ohren beschämten, während alle anderen aufatmeten, weil sie diesmal davongekommen waren.[33]

Am Ende des absolutistischen Zeitalters, als der Adel bereits die wachsende Macht des Bürgertums spürte, und erst recht im ersten Drittel des 19. Jahrhunderts, versuchte die Aristokratie, sich durch eine verfeinerte Ausdrucksweise und durch verfeinertes Benehmen, das man nur im standesgemäßen Umgang erlernen könne, vom reichen Bürgertum abzusetzen. Das *Savoir vivre* sollte ein Geheimnis für Eingeweihte bleiben. Viele reiche Bürger waren hingegen im 19. Jahrhundert aufs Äußerste bestrebt, die Etikette des Adels zu übernehmen. Echte Adlige und bürgerliche Kulturkritiker haben es damals als lächerlich empfunden, mit welchen Mitteln die Bürger den Adel zu kopieren versuchten, etwa die beliebte Strategie, ständig französische Wörter in die eigene Rede einzubauen, um vornehmer zu klingen. Es ist paradox: Während der Individualismus des bürgerlichen Zeitalters die strenge höfische Kultur mit ihren zahllosen Etiketten und Regeln abzulösen begann, während das neue Zeitalter im Zeichen eines tatkräftigen, unternehmerischen Individualismus den Bürger vom einengenden Ständesystem befreite, schufen sich die Befreiten neue Regelwerke des Benehmens oder übernahmen Teile der alten Adelsetikette. Die neue Freiheit machte unsicher. Sie brachte allzu viele Gelegenheiten zur Blamage, die man gern vermeiden wollte.

Triumph der Empfindsamkeit –
Peinliches aus dem 19. Jahrhundert

Zu Beginn des 19. Jahrhunderts, auch als Folge der Französischen Revolution, machte das Schlagwort der Volksherrschaft in Europa Furore. Der Nationalismus verband sich mit einer Sehnsucht nach Mythen und Märchen, und man bemühte sich, die neue Ordnung durch Rückgriffe auf alte Traditionen, auf die Überlieferungen der Volkskultur zu legitimieren. Die Sehnsucht nach Ursprünglichkeit und Gemeinschaft, das Vertrauen auf emotionale Verbundenheit führte zu einer neuen Wertschätzung der Gefühle. Schon in der Endphase des *Ancien Régime*, im ausgehenden 18. Jahrhundert, war eine Gegenbewegung zur Rationalität der Aufklärung gewachsen. In Deutschland »Sturm und Drang« genannt, wendeten sich die Romantiker gegen höfische Autorität und formale Tradition und stellten stattdessen das persönliche Fühlen und Erleben in den Vordergrund. Man zelebrierte nun das Gefühl, die Innigkeit, die schwärmerische Wohlgewogenheit als treibende Kräfte des Privatlebens und der Freundschaft. Die Liebesheirat wurde zum bürgerlichen Ideal, aber auch befreundete Männer umarmten und küssten sich innig, schrieben sich sentimentale Briefe und schworen sich ewige Treue, so beispielsweise der Philosoph Johann C. Lavater im Brief, den er am 10. November 1772 an seinen Freund Johann Gottfried Herder richtete: »Izt Freund, kann ich nicht antworten – aber schreiben muss ich – und wollte lieber weinen – hinübergeisten – zerfließen – an deiner Brust liegen ...«[34]. All dies war keineswegs peinlich, sondern spiegelte ein neues Lebensgefühl. Was in der aristokratischen

Hofkultur nach französischem Vorbild noch undenkbar lächerlich gewesen wäre, kam in den folgenden Jahrzehnten in Theater, Literatur und Gesellschaft groß in Mode: Die exaltierte, ungebändigte und doch gefühls- und ausdrucksstarke Sprache des Sturm und Drang war voller Ausrufe, voller forcierter Kraftausdrücke und neigte zum derben Volkstümlichen. Die nun beginnende Epoche der Romantik sollte bis zur Mitte des 19. Jahrhunderts andauern und war als Abkehr von der kühlen Rationalität, als Kritik an den Wissenschaften und Abwendung vom klassizistischen Erbe angelegt. Stattdessen dominierte das Gefühlsleben die Kunst und das Gesellschaftsleben: Liebe, Sehnsucht, Fantasie, in negativer Form auch in Gestalt der Schwarzen Romantik, in der sich Schauergeschichten, mystische Verwirrungen, Okkultismus und Melancholie manifestierten.

Parallel zu dieser schwärmerischen Stimmung im Kultur- und Gesellschaftsleben veränderte jedoch ein knallharter rationaler Kapitalismus die Welt. Die Naturwissenschaften, vor allem Biologie und Medizin, erlebten einen starken Aufschwung. Trotz dieser Verwissenschaftlichung wurde der Körper, insbesondere der weibliche, im beginnenden bürgerlichen Zeitalter als Quelle der Peinlichkeit, wenn nicht gar als bedrohliche Terra incognita empfunden. Der weibliche Organismus galt den Ärzten als »schwach«, »undicht«, »feucht«, die Menstruation gar als peinliche »Degenerationserscheinung«. Wie man sich vorstellen kann, war es in früheren Jahrhunderten eine erhebliche Leistung, ohne moderne Hygieneartikel die Menstruation zu verbergen. Merkwürdig, ja geradezu schamlos wirkt hingegen heute eine damalige Therapiemaßnahme zur Behandlung der sogenannten Hysterie: Im 18. und 19. Jahrhundert wurde eine manuelle Massage der äußeren Vagina durch Ärzte durchgeführt. Dass diese Behandlung, der sich manche »erkrankte« Frauen gerne und regelmäßig unterzogen, eine erotische Komponente haben konnte, war den Therapeuten offenbar kaum bewusst gewesen. Auch klärte man Mädchen ungern auf, eine direkte Erwähnung sexueller Themen und Probleme galt als peinlich und sollte in einer verantwortungsvollen und niveauvollen Erziehung unterbleiben. Umso peinlicher waren dann die Szenen in der Hochzeitnacht und den ersten Wochen der Ehe, als so manche bürgerliche Braut das Verhalten ihres Ehemanns als »Attacke eines Wüstlings« missverstand und schreiend flüchtete. Während an Mädchen und junge Frauen hohe Ansprüche in puncto Moral und Keuschheit angelegt wurden, durften junge Männer völlig ungeniert voreheliche Sexerfahrungen machen, und dies am besten mithilfe von Fachpersonal in einer dafür geeigneten Anstalt – dem Bordell. Mitunter geschah dies unter Aufsicht oder gar nach Anregung durch den Vater oder andere Verwandte bzw. Vorgesetzte. Es war also keineswegs peinlich, sich als Jugendlicher oder Erwachsener im Puff herumzutreiben. Der Romancier Gustave Flaubert erinnert sich in seinen *Memoiren eines Irren* allzu gerne an das Erste Mal: »Ich wusste, wohin ich ging«, schrieb er, denn er hatte schon tausendfach mit dem Gedanken gespielt, bis er es wagte, das geheimnisvolle Treppenhaus zu betreten, und an der ominösen Tür anzuklopfen: »Da umschlang ich sie mit meinen beiden Armen und presste meinen Mund auf ihre Schulter, ich trank da mit Wonne meinen ersten Liebeskuss, ich kostete da das endlose

Verlangen meiner Jugend und die gefundene Wollust meiner Träume aus …«[35]

Bei Affären, vor allem aber bei einer längerfristigen Liaison oder gar Ehe, galt im ausgehenden 18. wie auch beginnenden 19. Jahrhundert das ungeschriebene Gesetz, sich stets »standesgemäß« zu verbinden. Trotz aller bekenntnishafter Volkstümlichkeit und Demokratieschwärmerei waren die sozialen Schichten noch immer scharf voneinander abgegrenzt. Kein Geringerer als Johann Wolfgang von Goethe musste dies erfahren, nachdem er in Weimar in reifem Alter seine große Liebe namens Christiane Vulpius gefunden hatte. Sie stammte aus einer verarmten Familie, war weder besonders gutaussehend noch gebildet (die Worte »Kritik« oder »Bibliothek« sprach und schrieb sie beispielsweise im Thüringer Dialekt als »Grüdick« und »Biebeldäck«). Christiane Vulpius galt als lächerlich unwürdig für einen Dichterfürsten. Man nannte sie »Goethes dickere Hälfte« oder einfach »die Blutwurst«. Die bessere Gesellschaft Weimars zerriss sich über sie das Maul. Schiller schrieb abfällig über Goethe, es sei ein Zeichen von Alter und »Torheit«, dass sich der Dichter mit so einer »Mamsell« zusammengetan habe. Das gehässige Reden und Lästern konnte selbst Goethe mit seiner ganzen Autorität nicht unterbinden. Nach 18 Jahren gemeinsamer Haushaltsführung heiratete er Christiane. Und selbst danach begegnete man ihr noch mit Hochmut, wie der folgende blamable Zwischenfall zeigt: Am 13. September 1811 besuchte Christiane gemeinsam mit der Schriftstellerin Bettina von Arnim in Weimar eine Kunstausstellung. Gezeigt wurden Werke eines Provinzmalers namens Meyer, der auch Christiane und ihren Sohn August porträtiert hatte. Bettina von Arnim mokierte sich über die Mittelmäßigkeit des Künstlers, doch Christiane fühlte sich persönlich getroffen, schließlich hatte der gute »Kunscht-Meyer« ja auch sie gemalt. Es kam zum handfesten Streit, böse Worte fielen, laut Überlieferung habe von Arnim gerufen: »Sie wahnsinnige Blutwurst!« Und Christiane soll der arroganten Großstädterin daraufhin mit einer Ohrfeige die Brille von der Nase gefegt haben. Wutentbrannt und laut schimpfend, stürmte Christiane aus der Ausstellung, und Achim von Arnim fand seine Gattin bleich und zitternd vor. Die Gerüchteküche brodelte, die »unmögliche« Gattin Goethes war wieder in aller Munde.[36] Doch auch abgesehen von seiner späten Verbindung mit Christiane bot Goethes Lebenslauf genug peinliche Anekdoten, die kaum zum Bild des honorigen Poeten und faustischen Genius passen. Er erlaubte sich beispielsweise nicht wenige spätpubertäre Scherze, nachdem er im Alter von 26 Jahren an den Weimarer Hof berufen worden war. Zusammen mit dem damals erst 18-jährigen Fürsten Karl August wurde Goethe zur regelrechten Landplage: Die beiden ritten wie die Husaren übers Land, campierten im Freien, flirteten heftig mit den Bauernmädchen oder stellten sich auf den Weimarer Markt, um dort stundenlang mit knallenden Riemenpeitschen Lärm zu erzeugen. Einmal ließen sie die Fässer eines Kaufmanns den Berg herabrollen, und während dieser damit beschäftigt war, seinen Besitz mühsam wieder herbeizuschaffen, machten es sich Goethe und der Fürst in der guten Stube des Bürgers bequem und ließen sich bewirten. Im Übermut nahm Goethe ein Porträt des Kaufmanns von der Wand, schnitt das Gesicht heraus, steckte sein eigenes hinein und hielt es dem gepeinigten Hausherren entgegen, der erschöpft zur Tür hereinkam. Goethe soll sich übrigens als Neuling in der Hofgesellschaft zunächst recht unsicher und verlegen gezeigt haben, legte ein steifes Verhalten an den Tag, linkisch wirkte seine Ehrerbietung vor Ranghöheren, er tanzte schlecht. Erst eine Hofdame Anna Amalias, die strenge Frau von Stein, korrigierte diese blamable Unbeholfenheit und feilte an seiner Etikette. So wurde aus dem bürgerlichen Genie ein gewandter Hofpoet. Im Gegensatz zu Goethe schreckte Richard Wagner vor einer nichtstandesgemäßen Verbindung zurück. In seinen Memoiren schrieb er über seine erste große Liebe Therese Ringelmann, eine junge Dame, die Gesangsunterricht bei ihm nahm: »Doch hielt mich stets eine nicht sehr liebevolle Scham davon zurück, mein Liebesverhältnis vor meinen Freunden einzugestehen.« Und als Thereses Familie auf die Verlobung drängte, nahm der junge Wagner Reißaus – war der Schwiegerpapa in spe doch von Beruf Totengräber. Erst lange Jahre später beichtete Wagner in seiner Autobiografie *Mein Leben* diese Episode dem Publikum.

Die bürgerliche Welt hatte sich mittlerweile ihre eigenen Rituale der Paarung und der Geselligkeit geschaffen, von denen einige vom Adel inspiriert worden waren. Die Partnerwahl sollte zudem die Abgrenzung zu den niederen Schichten sicherstellen. Gleichzeitig musste man sich vor Spielernaturen, Hochstaplern und falschen Baronen in Acht nehmen. Mit großer Sorgfalt wurden Bälle, Hausmusikabende, Teestunden und Salons organisiert, bei denen natürlich zahlreiche Gelegenheiten zur Blamage lauerten. Zu den schlimmsten gehörte ein misslungenes Balldebüt: Die Anzahl und Attraktivität der Männer, die bei einem Ball zum Tanz aufforderten, waren erfolgsentscheidend. Die Schriftstellerin Henriette Gräfin Keyserling (1839–1908) erinnerte sich an einen dieser Bälle, auf dem leider nicht sie, sondern nur eine ihrer Cousinen großen Erfolg hatte: »Solche Triumphe sind Mama nicht beschieden, ihre Mägdlein wurden beiseite gelassen, sie sitzen nebeneinander und schauen in das bunte Gewirr und sehen unter ihren Maiglöckchenkränzen so seltsam ernst und langweilig aus. Als wir nach Hause kommen, gehen wir still schlafen, wir haben nichts erlebt und finden nichts zu besprechen.«[37] Die Schriftstellerin und spätere Friedensnobelpreisträgerin Bertha von Suttner (geborene Gräfin Kinsky von Wchinitz und Tettau) berichtete von einem Ball, den sie als 18-Jährige besuchte: »Auf diesem Ball pflegte die Creme zu erscheinen, aber nicht ausschließlich, es waren auch mindere Elemente anwesend. Ich sehe noch meine Toilette: Ein weißes Kleid, ganz mit Rosenknospen besät. Voll freudiger Erwartung betrat ich den Saal. Voll gekränkter Enttäuschung habe ich ihn verlassen. Nur wenige Tänzer hatte ich gefunden. Beim Kotillon [frz. Gesellschaftstanz] wäre ich beinahe sitzengeblieben, hätte sich nicht schließlich ein hässlicher Infanterieoffizier, der sich zahlreiche Körbe geholt hatte, meiner erbarmt. Die hochadligen Mütter saßen beisammen – meine Mutter saß einsam. Die Komtessen standen in Rudeln und schnatterten miteinander – ich kannte keine. Beim Souper bildeten sich lustige kleine Gesellschaften – ich war verlassen.«[38] Ein Misserfolg als Mauerblümchen fiel auf die ganze Familie zurück. Deshalb wurden gelegentlich unter befreundeten Familien Abkommen geschlossen, wer wen zum Tanz aufzufordern hatte, um derartige Fehlschläge zu verhindern. Und die Zeit war knapp: Mit fünfundzwanzig galt eine Frau schon als »Alte Jungfer«, mit dreißig war sie als Heiratskandidatin kaum noch vermittelbar. Die britische Schriftstellerin Jane Austen hatte dieses Schicksal bereits vor Augen, als sie hastig dem Antrag eines jungen Mannes aus befreundeter Familie nachgab. Der junge Harris war unbeholfen, schüchtern und wirkte ein wenig beschränkt – nicht gerade der gebildete, belesene Counterpart, den sich Jane erträumt hätte. Nein, Harris war einfach zu peinlich, befand Jane noch in der Nacht und widerrief die Verlobung am nächsten Tag. Doch nun wurde es erst recht peinlich: Jane erschien völlig von Sinnen, und das Verhältnis der beiden Familien wurde auf blamable Weise belastet. Doch mag sich Jane gedacht haben: Lieber ein Ende mit Schrecken als ein Schrecken ohne Ende (Harris heiratete übrigens bald darauf und wurde zehnfacher Vater, Jane blieb zeitlebens allein). Bei Bertha Gräfin Kinsky von Wchinitz und Tettau kam damals noch der Makel hinzu, dass ihre Herkunft etwas unklar war. Noch immer, auch gegen Ende des 19. Jahrhunderts galten die Standesgrenzen, der Adel blieb gern unter sich, und Bürgerliche strebten stets danach, »aufwärts« zu heiraten oder durch Titelkauf in den Adel aufzusteigen. Die junge Bertha hatte zwar den Titel einer Komtess, doch ihre Mutter war bürgerlicher Herkunft und hatte überdies versucht, dies erfolglos zu vertuschen. Zudem war der Altersunterschied ihrer Eltern monströs gewesen: 48 Jahre! Und Graf Kinsky starb auch noch, 76-jährig, peinlicherweise kurz vor Berthas Geburt. Mit diesem Handicap kämpfte sie lange Zeit, auch in der Familie ihres späteren Ehemanns, Arthur von Suttner, wo sie als Musiklehrerin angeheuert hatte. Arthur begann sich in sie zu verlieben, doch seine Mutter lehnte Bertha ab. Die Verwandtschaft lästerte:

»Schade um diese schöne Person. Aus so gutem Hause und muss sich ihr Geld selber verdienen!« Arbeit war peinlich – zumindest für höhere Töchter. Die Zeit bis zur Heirat sollten die bürgerlichen und adligen Mädchen möglichst sittsam und geschmackvoll verbringen, musikalische und literarische Bildung war dabei durchaus angesagt, allenfalls die kunsthandwerkliche Arbeit galt für Bürgerfrauen und -mädchen als standesgemäße Freizeitbeschäftigung. Doch war es wiederum höchst peinlich, diese Erzeugnisse selbst in der Öffentlichkeit feilzubieten, weil man sich sonst mit den Marktweibern und Handwerkerfrauen auf eine Stufe stellen würde. Dann doch lieber der Gang ins Museum oder Konzerthaus. Kulturbeflissenheit und Bildungshunger wurden ein weiteres Distinktionsmerkmal des Bürgertums, mit dem es sich von den unteren Schichten abzugrenzen versuchte. Mit welcher Hingabe das Bürgertum kulturellen Darbietungen beiwohnte, erstaunte auch Mark Twain, als er 1878 durch Europa bummelte und die Opernaufführung des *Lohengrin* in Mannheim besuchte: »Das Gebumse und Gepauke, Gedröhn und Gekrache war einfach unglaublich. Der quälende und unbarmherzige Schmerz, den es verursachte, ruht in meinem Gedächtnis gleich neben der Erinnerung an die Zeit, als ich meine Zähne in Ordnung bringen ließ.« Twain litt vier Stunden lang, es wäre ihm vor den anderen Logengästen zu peinlich gewesen, einfach zu verschwinden, während jene den nicht enden wollenden akustischen Orkan genossen: »So lange er anhielt, saßen sie da und sahen so hingerissen aus wie Katzen, denen man den Rücken streichelt.«[39]

Harte Männer, hysterische Frauen –
Peinliches aus dem 20. Jahrhundert

Am Ende des 19. Jahrhunderts war es zu einer scharfen Ak-
zentuierung der Geschlechterbilder gekommen. Die Welt
des Gefühls war nunmehr den Frauen zugedacht. Teilweise
gestützt auf die Wissenschaften, wurde ein energisches, ra-
tional bestimmtes Männerbild propagiert, die Männer sollten den Anforderungen der modernen Gesellschaft und
dem Kampf ums Dasein genügen. Mit Ausnahme der Künstler hatten Gefühl und Schwärmerei, Weichheit und Passivi-
tät keinen Platz mehr im Leben eines Mannes und galten als
peinliche Eigenschaften, die in Familie, Schule und Militär
ausgemerzt werden sollten.

Am Ende des 19. Jahrhunderts wurde auch ein neues
wissenschaftliches Schlagwort populär: die Nervosität oder,
als Krankheitsbild, die Neurasthenie. Der Historiker Joachim Radkau sprach von jener Epoche als einem *Zeitalter der
Nervosität*. Die »Überreizung« der Nerven konnte als ent-
lastende Erklärung für allerlei Fehlverhalten dienen und erlaubte es nun auch Männern, sich den Anforderungen der
Gesellschaft zu entziehen: Ängstlichkeit, Überforderung,
Impotenz – dies alles, was dem herrschenden virilen Man-
nesbild widersprach, konnte nun als Ausdruck einer erns-
ten Krankheit interpretiert werden. Galt ein Mann, der derartige Symptome zeigte, bislang als peinliche Variante einer
weiblichen Hysterikerin, waren ihm nun ehrenvolle und an-
genehme Behandlungen und Kuraufenthalte sicher – ein
Ausweg aus dem Diktat, stets männliche Härte an den Tag
legen zu müssen, wenngleich das »neurotische Abwehrver-

halten gegen das Weibliche und die damit zusammenhängende Hypertrophie der Homosexualität«[40], so der Kultursoziologe Nicolaus Sombart, weiterhin die Mentalität jener Zeit dominierten. Es herrschte das Ideal des energischen Mannes, der sachlich und kämpferisch seine Ziele verfolgt, während das weibliche Wesen als trübe, triebhaft, gefühlvoll und wirr, mithin als bedrohlich empfunden wurde. Und die Überschreitung dieser Geschlechtergrenzen, die Annahme typisch weiblicher bzw. männlicher Verhaltensweisen durch Männer bzw. durch Frauen galt als höchst peinlich. Die Gesellschaft war, so Radkau, »durch eine dialektische Spannung charakterisiert: Ihre harten Züge entwickelten sich als Abwehrreaktion auf konträre Eigenschaften. Der ›Kult des Energischen‹ spiegelte ein weit verbreitetes hypochondrisches Schwächegefühl.«[41] Aus Angst vor ihrer weiblichen Seite reagierten viele Männer über und legten ein forciert männliches Verhalten an den Tag, dessen Erscheinungsformen uns heute lächerlich vorkommen: eine steife Körperhaltung, knappe, militärische Ausdrucksweise im Rapportstil, schnarrender Casinoton, Blickduelle und Duellforderungen, zotiger Humor, überhaupt: eine Vergötterung alles Militärischen. Nichts war peinlicher als »zivilistische Schlappheit«, hochpeinlich war auch die Beschäftigung mit den eigenen Gefühlen, dem eigenen Körper, mit Sexualität, blamabel, ja geradezu kriminell war die Selbstbefriedigung, der überdies schlimmste Spätfolgen zugeschrieben wurden.

Kaiser Wilhelm – Säbelrassler oder Softie?

In kaum einer anderen Figur bündelten sich die Sehnsüchte und Ängste der Deutschen in jener Zeit so stark wie in Gestalt Kaiser Wilhelms II. Für die einen war er ein Monarch, der sich innenpolitisch, vor allem aber auf der Bühne der Weltpolitik unablässig blamierte und für den man sich als Deutscher zu schämen hatte. Für die anderen war er eine starke Identifikationsfigur, auf die man stolz war und auf die man nichts kommen lassen wollte. Diese Polarisierung im Urteil über Wilhelm ist heute passé, seine Fürsprecher sind mit dem Deutschen Reich untergegangen. Er gilt nun weithin als erratischer Herrscher mit peinlichen Äffären und fatalen Fehlern, die letztlich sogar zum Ersten Weltkrieg geführt hätten. Historisch geworden sind Fauxpas wie jene Rede, die Wilhelm am 27. Juli 1900 an deutsche Soldaten richtete, die an einer internationalen Streitmacht zur Niederschlagung des sogenannten Boxeraufstands in China teilnahmen: »Gefangene werden nicht gemacht! Wer euch in die Hände fällt, sei euch verfallen! Wie vor tausend Jahren die Hunnen unter ihrem König Etzel sich einen Namen gemacht, der sie noch jetzt in Überlieferung und Märchen gewaltig erscheinen läßt, so möge der Name Deutscher in China auf 1000 Jahre durch euch in einer Weise bestätigt werden, daß es niemals wieder ein Chinese wagt, einen Deutschen scheel anzusehen!«[42] Die Deutschen so brutal wie die Hunnen – diese Analogie erwies sich als fataler rhetorischer Lapsus, denn noch jahrzehntelang bekamen die Deutschen von ihren Feinden das Etikett der »Hunnen Europas« angeheftet.

Blamabel waren auch missglückte Interviews wie jenes,

das im Oktober 1908 im britischen *Daily Telegraph* erschien (u. a. mit dem merkwürdigen Ausspruch: »Die Engländer sind verrückt, verrückt wie die Märzhasen!«) und diplomatische Irritationen sowie einen Staatsskandal im Deutschen Reich auslöste. Der Kaiser, der als junger Mann auf den Thron gekommen war und den greisen Reichsgründer Bismarck aus dem Machtzentrum abgedrängt hatte, wollte dem Männerideal jener Zeit entsprechen und gab sich lebhaft, wild entschlossen und markig. Dabei machte er zweifellos diplomatische und politische Fehler. Die größte Blamage Wilhelms war allerdings jene Affäre, die seine eigene Männlichkeit in Zweifel zog: Die sogenannte Eulenburg-Affäre war, so Nicolaus Sombart, »in jeder ihrer Phasen eine Peinlichkeit, bei der sich alle Beteiligten blamiert haben. Sie ist aber eine Peinlichkeit vor allem der Sache wegen, um die es letztlich ging: Homosexualität als Politikum.« Innenpolitische Feinde des Kaisers führten damals eine Kampagne, in deren Mittelpunkt die These stand, dass Wilhelm unter dem Einfluss eines homosexuellen Zirkels stand, Opfer einer schwulen Verschwörung sei, die das Deutsche Reich in den Abgrund reiße. Im Zentrum dieser Kamarilla stehe der Fürst zu Eulenburg, Wilhelms Mentor aus jungen Jahren. Tatsächlich gab es weiche, geradezu als »weibisch« interpretierbare Wesenszüge und Gewohnheiten Wilhelms, die Argwohn erweckten. In Eulenburgs Liebenberger Tafelrunde wurde Wilhelm (in absentia) »Liebchen« genannt, und manch einem erschien die Szenerie wie eine romantische Traumwelt mit homoerotischer Grundierung. Seltsame Vorlieben des Kaisers wurden infolge der Affäre publik, Kinderspiele wie etwa das »Schinkenklopfen«, das der

Monarch gerne mit anderen erwachsenen Männern spielte. In diesen Zusammenhang passte der tragische Herztod des Generals Dietrich Graf von Hülsen-Haeseler. Er starb 1908 in Donaueschingen unter grotesken Umständen an einem Infarkt, nachdem er auf einer Jagdveranstaltung vom Kaiser gezwungen worden war, bis zur völligen Erschöpfung in einem Ballettröckchen vorzutanzen. Diese Geschichte setzte dem Eulenburg-Skandal die Krone auf und musste peinlichst vertuscht werden. Wilhelm wurde von der Eulenburg-Affäre schwer mitgenommen, seine Gegner warfen ihm in der Folge vor, zu einer echten Machtpolitik im darwinistischen Zeitalter nicht fähig zu sein. Die extremen Nationalisten beschimpften Wilhelm als memmenhaften »Friedenskaiser«, dessen Politik wurde daraufhin noch unberechenbarer und peinlicher, wenn nicht sogar gefährlicher, da Wilhelm, obwohl in seinem Inneren keineswegs auf Krieg erpicht, glaubte, nach außen hin als militärischer Hardliner auftreten zu müssen. Bellizist oder Militarist – diese feine Unterscheidung fiel im Zeitalter der Nervosität bisweilen schwer, und die Kriegsgefahr wurde durch Wilhelms Auftritte nicht gerade geringer.

Das Rollenbild des starken, kriegerischen Mannes wurde im Ersten Weltkrieg schwer erschüttert – so viele depressive, »hysterische« und traumatisierte Männer (»Kriegszitterer«) – das hatte man sich bis dato einfach nicht vorstellen können. Schon in der Vorkriegszeit hatte sich im antirationalen Impuls des Expressionismus, dessen »Oh-Mensch-Pathos« später belächelt werden sollte, ein Wandel im Verhältnis zum Gefühl angedeutet. Nach der Kriegskatastrophe kam diese emotionale Haltung, die nach einem ganzheitlichen Neuanfang auf allen Ebenen rief, für eine kurze Zeit in Mode: Liebe und Versöhnung, Gleichberechtigung und Humanität, Misstrauen gegen Technik und Bürokratie waren die Schlagworte des expressionistischen Zeitgeistes. Obwohl dieses Pathos rasch verflog und einer neuen Sachlichkeit wich, in der wieder intellektuelle Coolness angesagt war, kam doch in den folgenden Jahren einiges in Bewegung – es war die Zeit der wilden 1920er. Verhaltensweisen und Modeerscheinungen, die im Kaiserreich noch unsagbar peinlich gewesen wären, waren im (zumindest großstädtischen) Alltagsleben nun gang und gäbe. Neue Sachlichkeit und soziale Modernisierungstendenzen verbanden sich dann in den 1930ern mit den großen Ideologien auf der rechten und der linken Seite. Ein reaktionäres Geschlechterbild setzte sich wieder durch, Schwärmen und Träumen war erlaubt, aber nicht mehr auf privater, individueller Ebene erwünscht, sondern im Dienst eines großen Ziels, etwa der Weltherrschaft der germanischen Rasse oder des Sozialismus. Die Katastrophe des Zweiten Weltkriegs führte wiederum zu einer Versachlichung des Zeitgeistes, Pragmatismus und partielle Amnesie im Dienste des Überlebens waren opportun. Es ist die Zeit der Wirtschaftswundermentalität, die sich in Phrasen ausdrückte wie: »Probleme in den Griff kriegen« oder »am Drücker sein«. Wie erwähnt, lässt sich das Verhältnis der Zeitgenossen zur eigenen Gefühlswelt wie in einer Wellenbewegung darstellen, und das gilt erst recht für das 20. Jahrhundert: Auf schwärmerische, romantisierende oder gefühlige Phasen folgten stets Mentalitäten, in denen Coolness und Affektkontrolle angezeigt waren. Jede dieser kulturgeschichtlichen Wellen grenzte sich von der vorhergehenden ab, deren kulturelle Erzeugnisse, Bekenntnisse, sprachliche Codes nun als peinlich, lächerlich und überholt galten. Diese Mode-Mentalitäten beeinflussen oft die gesamte kulturelle Produktion einer Epoche, die Kunst, die Filme, die Mode, sie prägen die Umgangssprache, die Codes des Flirts und der Konversation. Doch lassen Sie uns die Blamagen jener Jahrzehnte überspringen und die Zeitmaschine in den 1980ern anhalten.

Kohl statt cool – Der peinliche Star der 1980er

Rührende Emotionen und utopische Träume von weltumspannender und weltverbessernder Liebe, wie sie in den vorangegangenen 1970er-Jahren im Zuge der Hippiebewegung aufkamen, waren nun out, angesagt war stattdessen Selbstbeherrschung, und Künstlichkeit trat an die Stelle von natürlicher Ungezwungenheit. Diese neue Ära der Coolness verlangte maskenstarre Gesichter, abgeklärte Sprüche, elektronische Musik und roboterhafte Tanzstile. Es ist die Zeit der 1980er und frühen 1990er mit einem grassierenden ökonomischen Neoliberalismus, in der Figuren wie die »Eiserne Lady« Margaret Thatcher oder der alternde »Cowboy«-Präsident Ronald Reagan für einen Wertewandel standen, in dem nun Wettbewerb, Härte, Deregulierung, Privatisierung und Bereicherung im Vordergrund standen, und in dem der Konsum zum grundlegenden persönlichen Profilierungsmerkmal wurde. Coolness, in der Maske eines »virilen Narzissmus« diente als Panzerung, als Schutz gegen eine zunehmend erkaltende Umwelt – so drückte es der Kulturwissenschaftler Helmut Lethen aus.[43]

In den coolen Zeitgeist der 1980er passte der CDU-Politiker Helmut Kohl überhaupt nicht. Weithin wurde er als Ausbund von Peinlichkeit empfunden: provinziell, selbstgefällig-gemütvoll, plump. Als peinlich wurde allein schon die Tatsache erachtet, dass Kohl, der 1982 Bundeskanzler wurde, so gewöhnlich war, wie sein Konkurrent Franz Josef Strauß einmal boshaft bemerkte: »Mich fasziniert bei den Fernsehauftritten Helmut Kohls immer wieder, dass der den Eindruck erweckt, jeder könnte Bundeskanzler werden.« Kohl hingegen triumphierte in der *Zeit* nun über alle, die ihn unterschätzt hatten: »Wenn Sie jahrelang geglaubt haben, da ist einer, der ist ein Dorfdepp, der ist den Rhein raufgekommen, dann haben Sie jetzt ein Aha-Erlebnis!« Die Liste von Kohls Blamagen, die in unzähligen Pressebeiträgen, Büchern, Satiren genüsslich zelebriert wurden, ist endlos. Es begann schon bei seinem Erscheinungsbild: Die Imagedesigner und Politikberater arbeiteten verzweifelt an Kohls Ausstrahlung. Am Anfang seiner Karriere hatte er optisch zu wenig Profil, um von Wählern und Journalisten überhaupt wiedererkannt zu werden. Später war es schwierig, den dicken, breit grinsenden Pfälzer als intelligenten, kompetenten Staatsmann in Szene zu setzen. Der zeitweilige Verzicht auf seine Allerweltsbrille brachte auch keine Besserung, denn nun wirkte das Gesicht noch formloser. Die Intellektuellen spotteten über die tumbe »Grundgrimasse der Demokratie« (Hermann Glaser) oder die durch Kohl personifizierte »unästhetische Demokratie« (Walter Grasskamp). Unter Journalisten wurden Kohls ungeschickte PR-Marotten zum Running Gag: Sobald Kameras auf ihn gerichtet waren, begann er nervös zu zucken und sich am Jackett zu zupfen, und im Blitzlichtgewitter der Fotografen fing er wie auf Knopfdruck an, lauthals zu lachen, um »positive« Bilder zu liefern. Auch im Ausland leistete sich Kohl legendäre Fauxpas. Den fassungslosen Reportern des US-Magazins *Newsweek* teilte er 1986 mit: »Ich bin von mehr Leuten gewählt worden als seinerzeit Hitler.«[44] Dies stimmte zweifellos (17,3 Mio. Hitler-Wähler im Jahr 1933; 19 Mio. Kohl-Wähler 1983), doch was wollte Kohl damit ausdrücken? Kohl-Hasser kürten den Pfälzer zum tolpatschigsten Kanzler der Nachkriegsgeschichte. Keiner seiner Vorgänger habe es so perfekt verstanden, so viele Pannen und Skandale aneinanderzureihen, Peinlichkeiten auszusitzen und zu verdrängen. Kohl erneuerte damit den Kult der Lächerlichkeit, den linke Medien seinerzeit mit dem Bundespräsidenten Heinrich Lübke betrieben hatten. Lübke war in den 1960er-Jahren durch zahlreiche Versprecher und Blackouts aufgefallen, wobei vieles, was noch heute über ihn berichtet wird, kolportiert oder gar frei erfunden worden war. Belegt ist allerdings, dass Lübke in Tananarive (heute Antananarivo), der Hauptstadt Madagaskars, das Präsidentenpaar namens Tsiranana mit den Worten »Sehr geehrter Herr Präsident, sehr geehrte Frau Tananarive« grüßte, und später über das Land sagte: »Die Leute müssen ja auch mal lernen, dass sie sauber werden.«[45] (Am Ende seiner Amtszeit, das muss aus Gründen der Gerechtigkeit gesagt werden, kam allerdings heraus, dass eine Erkrankung für Lübkes Aussetzer verantwortlich war.) Kohl hingegen war einer der erfolgreichsten deutschen Nachkriegspolitiker und ging

nicht wie Lübke als Witzfigur, sondern als honoriger »Kanzler der Einheit« in die Geschichte ein – vielleicht, weil er wie
kaum ein anderer den Durchschnittsdeutschen repräsen-
tierte und kein geschöntes, geglättetes, cooles Wunschbild.
Helmut Kohl, das war der Antikaiser, der Antiwilhelm, der
Antiheld schlechthin.

KAPITEL 5

PANORAMA DER PEINLICHKEITEN III – TOTAL INKOMPETENT

»Die denken bestimmt jetzt, ich bin blöd!«

Unbeholfen, ungeschickt, unfähig oder ungebildet sein – niemand setzt sich gerne diesem Verdacht aus. Fehltritte und Pannen im Job, Alltag oder Sport, Versagen bei Prüfungen – all das fällt unter den Begriff der »Kompetenzscham«. Allerdings gibt es auch auf diesem Feld eine ganze Menge dreiste Schamlosigkeit: Die TV-Schönheiten Verona Feldbusch und Daniela Katzenberger waren beispielsweise für ihre Bildungslücken und Grammatikschwächen bekannt – und gingen ganz offensiv damit um: Katzenberger lieferte selbstkritische Bonmots wie etwa: »Ich werde nie einen Intelligenztest machen, so schlau bin ich auch.« Und Veronas vermurkster Werbespruch »Da werden Sie geholfen« ist ja schon lange ein Klassiker.

Bildungslücken sind heutzutage unvermeidlich – gerade in einer arbeitsteiligen Informations- und Wissensgesellschaft, die ständige Weiterbildung, Spezialisierung und lebenslanges Lernen verlangt. Unser Wissen baut sich in der Regel in konzentrischen Kreisen um unser Spezialgebiet auf. Meistens sind wir nur dort wirklich up to date, im angrenzenden Fachgebiet hinken wir vielleicht schon fünf Jahre zurück, in uns ganz fremden Wissensgebieten gar 30 oder 50 Jahre. Einen allgemein verbindlichen Bildungskanon gibt es kaum noch. So sind Bildungsblamagen unvermeidlich – gerade wenn es

jemand gezielt darauf anlegt. Um Lücken oder Interessen-
gebiete der anderen herauszufinden, operiert man gerne mit
Anspielungen, mit kulturellen Codes, und nicht selten ist
man versucht, die eigentlich unverstandenen Signale wissend
lächelnd zu quittieren, als wüsste man Bescheid, als hätte
man jenes Buch tatsächlich gelesen oder jenen Film wirklich
gesehen, ängstlich bangend, ob nun etwa Details zur Sprache
kämen, und die peinliche Lüge aufflöge.

Im Job überfordert sein

Blamabel, vor allem bei Führungskräften:
- Überforderung oder Inkompetenz durch harten Füh-
  rungsstil kompensieren
- aus Unwissenheit fachliche Fehlentscheidungen treffen
  und dennoch beratungsresistent bleiben
- den Posten offensichtlich durch Vetternwirtschaft, Frau-
  enquotierung, »richtiges« Parteibuch erhalten haben (und
  es nicht wahrhaben wollen).

Wer im Betrieb vor aller Augen versagt, ist schon hinrei-
chend blamiert. Aber eine amerikanische Firma hatte es sogar zur fragwürdigen »Motivationsstrategie« gemacht, die
Peinlichkeit auf die Spitze zu treiben: Ein kalifornischer Her-
steller von Alarmanlagen hatte seine Verkaufsteams wiederholt zu Wettbewerben antreten und die Verlierer bestrafen
lassen. So wurden die unterlegenen Mitarbeiter von Kollegen
mit Firmenschildern der Konkurrenzunternehmen auf den
Hintern geschlagen, mit Torten beworfen oder gezwungen,
Windeln zu tragen.

Beim Materialklauen erwischt werden

Wieder mal Toilettenpapier oder Druckerpatronen einge-steckt? Peinlich, wenn einem dann versehentlich die Tasche auskippt und die Kollegen alles sehen.

Kündigung im Affekt

Im Zorn (oder als Teil einer kühl berechneten Strategie) im Meeting oder Großraumbüro spontan aufstehen und laut ru-fen: »Ich kündige!« und hinausstürmen. Am nächsten Mor-gen sich diskret einen Termin beim Chef geben lassen, um die mündliche Kündigung zu widerrufen.

Kompetenzüberschreitung

Neu im Job und gleich alles besser wissen, große Visionen erläutern und Reformen anmahnen, ohne die Strukturen im Unternehmen, die Produktionsabläufe oder die Vorgeschich-ten zu kennen. Peinlich auch, nach Kompetenzüberschrei-tungen wie ein Schoßhund zurückgepfiffen zu werden.

Im Büroschlaf überrascht werden

Power-Napping schön und gut, aber wenn man dabei in den Tiefschlaf fällt, wird's blamabel (vor allem, wenn fiese Kolle-gen Fotos machen und die sofort herumposten).

Im Job unterfordert sein

Wer trotz guter Leistungen und großer Berufserfahrung Beförderungen ausschlägt und sich mit seiner kleinen überschaubaren Welt zufriedengibt, dem haftet schnell das Stigma des phlegmatischen Sonderlings an. Ebenfalls peinlich: grotesk überqualifiziert sein. Akademiker, die als Praktikanten oder Hilfskräfte anheuern, verschweigen manchmal ihren Abschluss oder Doktortitel, um Häme und Schikanen zu vermeiden, oder um den Job überhaupt erst zu bekommen, denn als Überqualifizierter gilt man im Betrieb als »schwer integrierbar«. (Der Autor machte Ende der 1980er-Jahre einmal eine Handwerkslehre als Maler und Lackierer. Da üblicherweise nur Haupt- oder Realschüler eine Malerlehre absolvierten, war ihm sehr daran gelegen, seine Abiturientenidentität auf den Baustellen geheim zu halten. Nur zu gerne hätte manch ein Geselle oder Polier seine Bildungskomplexe beim Gymnasiastenquälen kompensiert.)

Vergesslich sein

Vergesslichkeit, die sich auf Namen und Gesichter bezieht, wirkt in Gesellschaft besonders peinlich: unbekannte Menschen, die strahlend auf einen zukommen, entfallene Namen der Kinder von Freunden und Verwandten, »namenlose« Leute, die auch noch erwarten, dass man sie einander vorstellt.

Mit Akzent sprechen

Ein Unterschichtenakzent oder ein ländlich-bäuerlicher Dialekt kann peinlich werden, wenn man sich zu Höherem berufen fühlt. Bekannt ist, dass selbst extrem kontrollierte Persönlichkeiten in ihre Muttersprache oder in ihren Heimatdialekt verfallen, wenn sie erregt sind. In der Wut tritt dann ein ungeliebtes sprachliches Erbe zutage. Andere gehen offensiv damit um und machen ihre auffällige Sprachfärbung zum Markenzeichen, wie etwa Arnold Schwarzenegger. Der Schauspieler und spätere kalifornische Politiker konnte seinen steirischen Akzent niemals loswerden, auch intensiver Unterricht, um astreines Englisch zu lernen, war zwecklos. Doch inzwischen war sein bajuwarisch gefärbter Tonfall zum Markenzeichen geworden – es verband sich mit seinem Terminator-Image zu einer Einheit, wirkte nun kraftvoll und urwüchsig, suggerierte den Kaliforniern vor der Gouverneurswahl 2003 eine robuste »Problemlösungskompetenz«.

Sprachliche Missverständnisse

Sprachliche Missverständnisse in fremder Umgebung sind stets eine ergiebige Quelle von Peinlichkeiten. Da möchte eine Amerikanerin in Berlin in der Landessprache Brötchen kaufen und ordert allen Ernstes: »Vier Schlampen, bitte.« Gemeint waren »Schrippen«, und wahrscheinlich hat ihr jemand einen üblen Streich gespielt. Ein Bekannter des Autors, der aus einem kleinen Ort in der Pfalz stammt, kam in den 1980er-Jahren nach Berlin. Er schämt sich noch heute für seine erste FastFood-Bestellung: »Einen Dröner, bitte.« Wenigstens hat man ihm keine gedröhnt.

Vielen ist es peinlich, in einer fremden Sprache, in einem fremden Jargon Fehler zu machen – doch auch hier gibt es Beispiele, wie aus fehlerhaften Ansagen komische und kultverdächtige Bonmots wurden, die dem Sprecher letztlich viel Sympathie einbrachten, siehe Kennedys Ausspruch: »Ick bin ein Berliner« oder die legendäre »Ich-habe-fertig«-Tirade von Giovanni Trapattoni, der sich als Trainer des FC Bayern München am 10. März 1998 mit der wohl kürzesten Pressekonferenz der Bundesligageschichte in der Sporthistorie verewigte.

Traumatisches aus der Schulzeit

Fast jeder hat sich in der Schulzeit mal so richtig blamiert. Da half kein Ducken und Verstecken, man wurde auch aus der hintersten Reihe bisweilen nach vorne zitiert, musste auf dem Weg zur Tafel die vielen neugierigen, höhnischen Blicke links und rechts ertragen. An der Tafel angekommen, ging der Terror erst richtig los. Da galt es, vor aller Augen etwas vorzurechnen, da zitterte und quietschte die Kreide vor lauter Unsicherheit. Im besten Fall hieß es, gelobt zu werden (was auch peinlich sein konnte), im schlechtesten schimmerlos vor versammelter Klasse stehen und vom Lehrer auch noch vorgeführt zu werden, bis man wie ein begossener Pudel an seinen Platz zurücktrotten durfte, während die Klassenfieslinge feixten und der Klassenclown noch einen draufsetzte. Der Sportunterricht bot natürlich auch zahlreiche Möglichkeiten für traumatisierende Blamagen, etwa für diejenigen, die beim Mannschaftssport als Letzte gewählt wurden, oder gar starken Mannschaften gezielt als »Handicap« zugeteilt wurden. Unvergessen auch die hilflosen Versuche am Reck oder an den Kletterseilen, manchmal noch regelrecht inszeniert durch sadistische Sportlehrer.

Überhaupt, die Lehrer: Einige von ihnen benutzten gezielt das Mittel der Demütigung, um Disziplin einzufordern. Brasiliens Fußballlegende Pelé erinnerte sich noch im hohen Alter an seine Grundschullehrerin Dona Laurinda: »Weil ich immer noch zu viel redete, steckte sie mir lauter kleine Papierknäuel in den Mund. Nach einer Weile begannen die Wangenmuskeln wegen der aufgeblähten Backen zu schmerzen. Ich half mir, indem ich versuchte, die Knäuel heimlich kleiner zu beißen.« Eine alternative Bestrafung zur Hamsterbacken-Performance bestand darin, den kleinen Edson (Pelés eigentlicher Vorname) wie die Jesusstatue von Rio mit ausgebreiteten Armen in der Ecke stehen zu lassen: »Wenn ich die Arme vor Erschöpfung sinken ließ, bekam ich sofort einen Klaps von ihr …«[46] Andere Lehrer hatten subtilere Methoden entwickelt, Schüler lächerlich zu machen. So wurden Störer gern gebeten, selbst den Unterricht zu übernehmen – woraufhin regelmäßig peinliche Stille entstand. Manch einer hat hier einen Schaden fürs Leben davongetragen und quälte sich fortan mit Versagens- und Prüfungsängsten.

Sitzenbleiben

So mancher Schüler musste eine Ehrenrunde drehen, einige, wie etwa Heiner Lauterbach, auch mehrere. Der Schauspieler beschrieb in seiner Autobiografie, wie er als fast 13-Jähriger unter lauter 10-Jährigen saß: »Während ich schon einen wachsenden Drang zum anderen Geschlecht verspürte und gerade von Filter- auf filterlose Zigaretten umstieg, glaubte eine Vielzahl meiner Mitschüler noch an den Weihnachtsmann und war erst kurze Zeit vorher vom Dreirad auf das Fahrrad gewechselt. Wenn ich so weitermachte, würde ich mit siebenunddreißig Jahren das Abitur machen.«[47] So weit kam es aber nicht, Heiner verließ die Schule nach der Mittleren Reife. Er spielte dafür in einem Film mit, der den Titel »Schulmädchen-Report 9: Reifeprüfung vor dem Abitur« trug.

Peinlicherweise sind die Sitzenbleiber oftmals unübersehbar, da einen Kopf größer oder bereits mit Oberlippenbart und anderen sekundären Geschlechtsmerkmalen ausgestattet. Respekt können sie sich allerdings erwerben, wenn sie ihre körperliche Überlegenheit ausspielen, und sich an die Spitze eines Mobs setzen, um die Klassenstreber zu terrorisieren.

Mobbinghorror

Auch Prüfungen ganz anderer Art hielt die Schulzeit für viele bereit: der Test, ob sie in der Lage sind, Ausgrenzung und üble Späße zu überstehen. An diese peinlichen, manchmal regelrecht beschämenden Episoden denkt man ungern zurück. Den britischen Schauspieler Jude Law erwischte es besonders schlimm. Da Mom und Dad an staatlichen Schulen unterrichteten, schickten sie ihren Sohn ebenfalls auf eine Gesamtschule, wo er sich bald in übelster Gesellschaft befand. »Ich wurde vom ersten Tag an als Schwuchtel bezeichnet«, erinnert er sich, »ein Typ hat mich sogar kopfüber aus dem Fenster im fünften Stockwerk hängen lassen, er hielt mich nur an den Knöcheln fest.«[48]

Fahrschuldesaster

Der Politiker und Fernsehmoderator Michel Friedman beispielsweise hatte ein eindrückliches Fahrschulerlebnis. Kurz vor der Prüfung hatten ihm seine Eltern schon einen Gebrauchtwagen gekauft und vor die Tür gestellt. Michel, gerade 18 Jahre alt, hatte für den Abend schon Freunde zur Prüfungsfeier eingeladen. Die Prüfung selbst lief gut, bis zu einem fatalen Fehler auf der Autobahnausfahrt, die Michel zu schnell nahm, so dass der Prüfer in die Eisen steigen musste. Das war's: »Betäubt, betrübt, unglücklich lief ich zu Fuß nach Haus. Dramatisch schmiss ich mich auf mein Bett, vorher die Tür abschließend und verharrte den ganzen Nachmittag in dieser Unglücksstellung. Vor der Tür stand das Auto, das nicht gefahren werden durfte, meinen Freunden würde ich noch die Schande gestehen müssen – welch ein Versagen!«[49]

Das Versagen in der Fahrprüfung ist natürlich noch peinlicher, wenn es sich wiederholt: Früher drohte der sogenannte Idiotentest – eine medizinisch-psychologische Untersuchung, wenn man drei Mal durch die Prüfung gefallen war.

Diese Regelung ist inzwischen abgeschafft, nun ist die Anzahl der Versuche, die Fahrprüfung zu bestehen, für jeden Kandidaten unbegrenzt.

Im angesagten Club abgewiesen werden

Die Türsteher eines angesagten Clubs zu überwinden stellt eine besondere Art der Prüfung dar. Wer sich stundenlang zu Hause aufgebrezelt hat, mit der S-Bahn aus dem Vorort in die Stadt gefahren ist, wer nach langer Warteschlangenzeit endlich dran ist, und dann mit dürren Worten oder gar nur mit stummen Gesten abgewiesen wird, empfindet Scham, und muss die höhnischen oder gespielt mitleidvollen Blicke der Glücklichen ertragen, die ungehindert in den Vergnügungstempel einziehen. Sofort nagen die Selbstzweifel: Bin ich etwa uncool? Mies gestylt? Alt? Hässlich? Peinlich? Richtig peinlich ist es aber, dann mit dem Türsteher diskutieren zu wollen. Manche versuchen zu flirten, andere werden laut und zickig, die schlimmsten holen ihre Kumpels, Cousins und älteren Brüder. Aua.

Im Vorstellungsgespräch emotional werden

In der Arbeitswelt und vielen anderen öffentlichen Bereichen ist Affektkontrolle angesagt. Das gilt erst recht im Bewerbungsgespräch, einer prüfungsähnlichen Situation. Wer hier latent aggressiv oder auch lyrisch-überkandidelt auftritt, wer hier mit den Tränen kämpft oder rührende Anekdoten erzählt, gilt als »wenig belastbar« und ist ruck, zuck aus dem Rennen.

Prüfungsblamagen

Der FDP-Politiker Guido Westerwelle studierte in jungen Jahren Jura mit Schwerpunkt Staats- und Verwaltungsrecht, doch als der Tag des mündlichen Examens angebrochen war, ereilte ihn ein totaler Blackout: »Ich wusste nichts mehr, absolut nichts mehr! Die Professoren bemühten sich, soweit das erlaubt war, mir zu helfen [...]. Ich stammelte nur, erzählte Unsinn. Die Peinlichkeit gipfelte darin, dass ich zuletzt zum Demonstrationsrecht befragt wurde, und den Professoren wieder keine gescheite Antwort geben konnte. Dabei war ich bereits Bundesvorsitzender der Jungliberalen. Der Professor irritiert: ›Herr Westerwelle, bei den vielen abgehaltenen Parteiveranstaltungen müssten Sie das Versammlungsrecht doch langsam kennen!‹ Hinten im Publikum wurde gelacht. Wieder bei mir Fehlanzeige. Ich habe mich so geniert, dachte, die müssen doch denken, dass du der letzte Vollidiot bist!«[50]

Dauerstudent sein

Seit Einführung der Studiengebühren und ähnlicher Maßnahmen ist diese Lebensform etwas aus der Mode gekommen. Früher gab es diesen Typus des taxifahrenden, philosophierenden oder politisierenden Generalisten noch häufiger. Deutschlands bekanntester Dauerstudent war der Hamburger SPD-Nachwuchspolitiker Nils Annen, der sein Geschichtsstudium im Jahr 2008 nach 28 Semestern schmiss, um Vollzeitpolitiker zu werden. Die Kandidatur für ein Bundestagsdirektmandat wurde ihm aber vor der Nase weggeschnappt, so dass er sich notgedrungen wieder immatrikulieren musste. Inzwischen hat er sein Studium in Berlin abschließen können – aber nur, weil man dort für den Bachelor kein Latinum brauchte. Daran war Annen zuvor in Hamburg mehrfach gescheitert, wie er der Presse beichtete: »Ich bin durchgerasselt, wie viele andere auch. Damals war ich Abgeordneter, die Arbeit kostete Zeit und Kraft. Und die Wählerinnen und Wähler meines Wahlkreises hatten mich ja nicht in den Bundestag geschickt, damit ich meine Prüfungen schaffe.« Rekordhalter im Dauerstudieren ist aber wohl der Freiherr Meinhard von Seckendorff, der kürzlich nach einem Dutzend Studiengängen und zwei angefangenen Dissertationen die Universität Zürich nach 90 Semestern verließ – ein Messie des Bildungswesens. Professoren werden ihn in Erinnerung behalten als den »freundlichen älteren Herren, der an unerwarteten Stellen laut lachte und mit Getöse Notizblöcke vollschrieb«.[51]

Beim Abschreiben erwischt werden

Was in der Schule noch weithin als Kavaliersdelikt galt, wird peinlicher, wenn man als Erwachsener ein größeres Rad zu drehen versucht. Der Textvergleich durch spezielle Suchprogramme fördert unbarmherzig Übereinstimmungen zutage, und so verloren in den letzten Jahren bereits einige Prominente wie die Politiker Karl-Theodor zu Guttenberg (CSU) oder Silvana Koch-Mehrin (FDP) ihre Doktorentitel – nicht ohne zuvor *noch* peinlichere Versuche unternommen zu haben, sich herauszureden und sich an ihre Posten zu klammern.

Allzu reich beschenkt werden
(ohne sich revanchieren zu können)

Äußerlich müssen die Beschenkten vielleicht dankbar sein, innerlich fühlen sie sich gedemütigt. Viele schenken daher lieber, als durch Geschenke beschämt zu werden. Wobei die Zurückweisung eines Präsents ebenfalls einen hohen Peinlichkeitsgehalt hat – selbst wenn nicht klar ist, welche Seite sich hier mehr blamiert. Es kann ja ebenso peinlich sein, auf krampfhafte Weise ein Geschenk nicht annehmen zu wollen.

Abhängig sein

Wenn finanzielle Abhängigkeit überdeutlich wird – vom Staat, von den Eltern, dem Gatten, vor allem von der Gattin –, dann kann das durchaus peinlich sein, weil hier indirekt die eigene Unfähigkeit zutage tritt, durch eigene Leistung für eine ausreichende Lebensgrundlage bzw. berufliches Fortkommen sorgen zu können. Ein bekanntes Beispiel sind Fälle, in denen Entlassene ihren Angehörigen noch wochen- oder monatelang vorspielten, sie gingen wie immer zur Arbeit, während sie sich tatsächlich in Parkanlagen, Stadtbüchereien oder Spielhallen herumtrieben, um dann stets pünktlich um 17.00 Uhr den Heimweg anzutreten.

Aus allzu gutem Hause kommen

Auch wenn es wie ein Luxusproblem anmutet: Es gibt Menschen, die darunter leiden, aus einer prominenten oder vermögenden Familie zu kommen. Es ist ihnen peinlich, einen bekannten Familiennamen oder Adelstitel zu tragen, und sie versuchen es Freunden, Kollegen und neuen Bekanntschaften gegenüber möglichst lange zu verbergen. Sie glauben, die anderen könnten denken, sie hätten den Studien- oder Arbeitsplatz, die hübsche Freundin oder das Oldtimer-Porsche-Cabrio nur wegen ihrer Connections oder wegen ihres Reichtums erhalten. Sie befürchten, nicht um ihrer selbst wegen geliebt oder geschätzt zu werden, sondern nur wegen ihres großen Namens oder Vermögens. Nicht wenige Söhne und Töchter aus gutem oder sehr gutem Hause haben aus diesem Grund gegen ihre Eltern rebelliert, ihr Erbe verschenkt, wurden Kommunisten oder Antiimperialisten, manchmal gar Faschisten und Terroristen, um ihre als Makel empfundene privilegierte Herkunft zu leugnen.

Ungeschickt sein

Nicht nur Bildungslücken, auch der Mangel an körperlicher Geschicklichkeit, an Kaltblütigkeit oder Reaktionsschnelligkeit kann als äußerst peinlich empfunden werden und lässt unsere Kompetenz in zweifelhaftem Licht erscheinen – besonders vor Zeugen oder gar auf großer Bühne. Hannelore Kohl, die inzwischen verstorbene Gattin des Altbundeskanzlers, hatte 1996 die Aufgabe, am Bonner Rheinufer das Ausflugsschiff *River Cloud* zu taufen. Sie ergriff die Magnum-Champagnerflasche und schleuderte sie gegen den Schiffsrumpf: »Aber oh Schreck, die Flasche zerschellte nicht, machte nur einen dumpfhohlen Bums und sprang, immer noch an der Leine hängend, zurück! Wie peinlich! Zumal es heißt, ein solcher Vorfall bedeute Unglück.« Auch der zweite und der dritte Versuch misslangen. Beim vierten kam Hannelore der Reeder zur Hilfe: »Es war wie verhext: Wieder blieb die Flasche unzerbrochen. Stattdessen lösten sich kleine weiße Lackteilchen vom Schiffsrumpf. Erst beim sage und schreibe fünften Versuch krachte und splitterte es, spritzte der Champagner.«[52]

Im Streichelzoo Angst kriegen

Johannes B. Kerner berichtete von seiner Hochzeitsreise nach Südafrika, bei der er auch einen Tierpark besuchte und die Gelegenheit bekam, Elefanten zu füttern. Die Reisegruppe wurde angewiesen, auf einen bestimmten Befehl hin den Tieren das Futter direkt ins Maul zu legen. Kerner, wenig mutig, warf das Futter lieber aus sicherer Entfernung in den Elefantenrachen, was ziemlich lächerlich ausgesehen haben muss: »Die Kinder neben mir haben mich zum Gespött der ganzen Gruppe gemacht. So ausgelacht wurde ich noch nie. Das war mir so unangenehm, obwohl die Kinder aus Schweden kamen und mich gar nicht kannten.«[53]

Nicht einparken können

Rückwärts einparken in eine enge Lücke auf der linken Straßenseite, unter den kritischen Augen einer Meute sprücheklopfender Bauarbeiter – wann haben Sie das zum letzten Mal geschafft, ohne Nerven zu zeigen, ohne hektische Korrekturaktionen? Auch den großen Jungs können hier peinliche Pannen unterlaufen, etwa dem damaligen Kremlchef Dmitri Medwedew, als er im Sommer 2011 in der Stadt Kasan am Steuer seines gepanzerten Geländewagens eine Menschenmenge in Angst und Schrecken versetzte. Er hatte das Fahrzeug verlassen, die Automatik aber nicht auf »Parken« eingestellt, weshalb das rund zwei Tonnen schwere Gefährt führerlos auf die Zuschauer zurollte. Leibwächter brachten den Wagen gerade noch zum Stehen. Blogger lästerten später, Medwedew wolle die Geschicke eines Landes steuern, könne aber nicht einmal unfallfrei parken. Mit einem professionellen Fahrer am Steuer wäre die Panne nicht passiert – doch in Russland ist es üblich, dass Spitzenpolitiker ihre schweren Fahrzeuge hin und wieder selbst lenken, um den Wählern mackermäßige Tatkraft zu demonstrieren.

Nicht am Berg anfahren können

Den Motor absaufen lassen, am Berg hilflos zurückrollen, die Fahrer hinter einem beginnen schon hektisch zu gestikulieren und zu hupen – ein Alptraum.

Starthilfedesaster

Die Starthilfekabel falsch (etwa Plus- mit Minuspolen) verbinden, so dass sich die volle Batterie des freundlichen Helfers heftig und unter starker Hitzeentwicklung entlädt. Wenn man Glück hat, kommt es nur zu Funkenschlag und Rauchentwicklung, im schlimmsten Fall kocht die Batterie regelrecht, sogar Schäden an der Bordelektronik sind nicht ausgeschlossen. Am Ende stehen enorme Reparaturkosten an. Gut gemeint ist eben in vielen Fällen das Gegenteil von gut.

Sein Fahrzeug nicht beherrschen

Den Weltrekord beim blamablen Autofahren hält ein Schweizer. Der Handwerker aus Andelfingen im Kanton Zürich schaffte es im Jahr 2009, auf einer Wegstrecke von 70 Metern acht Verkehrsdelikte zu begehen: Ohne Führerschein, aber dafür angetrunken und bekifft, setzte sich der damals 58-Jährige in den nicht zugelassenen Jeep Grand Cherokee einer Bekannten. Bereits nach wenigen Metern touchierte der Wagen eine Mauer, kam ins Schlingern, kippte und blieb vor der Einfahrt zu einem Bauernhof auf der Seite liegen – Totalschaden. Der Fahrer wurde nur leicht verletzt.

Hilflos bei Autopanne

Einige Peinlichkeits-GAUs, oft im Angesicht mitleidig lächelnder ADAC-Mitarbeiter und anderer Pannenhelfer:
- nicht wissen, wie man die Motorhaube öffnet
- weder Motor noch Vergaser, Keilriemen oder Kühler identifizieren können
- den Sicherungskasten nicht finden
- noch blöder: Nicht gemerkt haben, dass lediglich der Tank leer ist, und dem »havarierten« Auto sonst nichts fehlt
- am peinlichsten: Wenn dies auf der Autobahn passiert und man auf diese Weise auch noch einen Stau verursacht.

House-Sitting-Desaster

Die Freunde vertrauen einem das Haus in Abwesenheit an, und wir:

- lassen die Blumen und den Rasen vertrocknen
- vergessen, die Goldfische und die seltenen Echsen im Terrarium zu füttern
- demolieren durch unsachgemäße Bedienung Kaffeemaschine, Trockner oder Heizthermostat
- *worst cases*: Wohnungsbrand auslösen oder Waschmaschine auslaufen lassen und die darunterliegende(n) Wohnung(en) fluten.

Die IKEA-Montage-Hotline anrufen müssen

Sie haben wiederholt erfolglos versucht, den Kleiderschrank aufzubauen. Zweimal ist der Torso schon zusammengebrochen. Sie haben die Bauanleitung nicht verstanden, obwohl sie nur aus Illustrationen besteht, die sich auch einem lernschwachen Siebenjährigen erschließen sollten. Sie wissen nicht weiter, kapitulieren und müssen die Service-Nummer anrufen. Am Ende war die Telefonrechnung teurer als das Möbelstück.

Beim Skifahren schlecht aussehen

Nichts ist schöner, als aus dem Sessellift heraus zu beobachten, wie sich überambitionierte Anfänger heftig auf die Nase legen. »Da hat's uffgeschwartet«, heißt's dann, wenn sich wieder mal eine Schneefontäne gen Himmel reckt und die Skistöcke durch die Gegend fliegen. Wer als Erwachsener Snowboard- oder Skifahren lernt, muss mit allerlei Tolpatschigkeiten rechnen. Kein Wunder, dass mancher keine Lust hat, sich auf vollen Pisten zum Gespött zu machen oder auf den Babyhügel zwischen die Kindergartenkinder verbannt zu werden. Besonders asiatische Touristen, die die Alpen besuchen, fürchten hier einen Gesichtsverlust. Um auch sie zum Skifahren zu bringen, bieten Schweizer Skigebiete nun geschlossene Kurse nur für Asiaten an, die auf abgelegenen Pisten üben können, denn unter ihresgleichen ist es Chinesen und Indern nicht mehr so peinlich, wenn sie auf dem Hosenboden landen.

Kein Zelt aufbauen können

Bei der Gruppenreise, auf dem Rockfestival oder dem Campingplatz haben alle ihr Zelt in Nullkommanix aufgestellt und blicken mitleidig herüber. Hilfe lehnen wir stolz ab: »Ich schaff das schon!« Ergebnis: Das Zelt fällt bei der ersten leichten Brise zusammen oder kollabiert mitten in der Nacht im Dauerregen.

Ungeschickt im Umgang mit Feuer sein

Unangenehm, wenn man die grundlegende menschliche Kulturtechnik nicht beherrscht, wenn das Lagerfeuer einfach nicht zu brennen beginnen möchte, oder, noch schlimmer, die hilflos-hektischen Versuche, die Grillkohle vor den Augen einer hungrigen Festgesellschaft zu entzünden. Am schlimmsten: mit massivem Brennspirituseinsatz eine Stichflamme erzeugen und sich das Toupet ansengen.

Heimwerkerdesaster

Misslich: Nach stunden- oder tagelangen vergeblichen Reparaturversuchen doch noch einen Handwerker rufen müssen, der dann theatralisch den Kopf schüttelt, sich lautstark mokiert, wer denn diese Sache so heftig vermurkst habe, und schließlich das Problem unter den bewundernden Blicken von Ehefrau/Freundin mit wenigen Handgriffen behebt.

Kommunikations-GAUs

Begrüßung und Konversation, Witz und Kompliment, Sprechen und Telefonieren – hier sind die sozialen Fähigkeiten gefragt, zwischenmenschliches Feingefühl und Sich-in-den-anderen-hineinversetzen-Können. Ein weites Feld, auf dem es zahllose Möglichkeiten gibt, sich zu blamieren. In der Rubrik Kommunikationspannen dürfen natürlich auch die Tücken der Technik nicht fehlen. Informationen, die an sich nicht peinlich sind, wenn sie exklusiv an den vorbestimmten Empfänger gelangt wären, können es werden, wenn sie beim falschen Adressaten oder gar der Öffentlichkeit ankommen. Manchmal sind es bösartige Spione, Geheimdienste und Hacker, die Informationskanäle anzapfen, öfter ist man einfach zu blöd, die richtige Taste zu drücken.

Nicht gegrüßt werden

Peinlich, wenn man die Hand hinstreckt, der andere sie aber übersieht (oder nicht sehen will). Dann hängt die eigene Hand eine Weile hilflos in der Luft, bis man sie beschämt wieder zurückzieht. Rätselhaft auch die Regeln des Grüßens, die der Autor in Berlin kennenlernte: Im Mehrfamilienmietshaus grüßt man sich auf der Treppe, trifft man die gleiche Person wenige Meter vom Haus entfernt, nickt man sich noch allenfalls gequält zu, im Supermarkt, dreihundert Meter entfernt, kennt man sich schon nicht mehr. Weitere seltsame, aber verbreitete Fälle:

- Personen, die einen sonst grüßen, mit denen man sich bereits unterhalten hat, kennen einen irgendwann nicht mehr, man weiß nicht, warum (man könnte sie nun ärgern, indem man einseitig und forciert weitergrüßt, doch so wichtig ist einem die Sache dann auch wieder nicht).
- Personen, die einen im kleineren Rahmen grüßen und sich unterhalten, kennen einen nicht mehr, wenn sie in Begleitung anderer, »wichtigerer« Personen sind oder sich auf einer Tagung, einem Fest befinden, wo sie ihre kostbare Zeit lieber mit wichtigeren Gesprächspartnern verbringen wollen.

Lästige Händeschüttelfans

Ein verweigerter oder schlaffer Händedruck ist schlimm. Peinlich wirkt aber auch die Marotte mancher Zeitgenossen, die dargebotene Hand gar nicht mehr loszulassen oder exzessiv zu schütteln – so als würden zwei verfeindete Präsidenten vor den Kameras der Weltöffentlichkeit endlich Frieden schließen.

Peinlich-lästig kann es zudem sein, beim Betreten eines Raumes allen 30 Anwesenden die Hand geben zu müssen, weil man einmal damit angefangen hat. Ein summarisch beim Eintreten zugerufener Gruß hätte es manchmal auch getan. Andererseits: Beim festlichen Dinner in »guter Gesellschaft« kommt es nicht immer gut an, wenn man skatbrudermäßig auf den Tisch klopft und dazu jovial in die Runde grölt: »Hallo zusammen, ich mach mal so.«

Sich vergeblich ins Gespräch einbringen wollen

Überall sehen Sie angeregt diskutierende Grüppchen, nur leider kein einziges bekanntes Gesicht. Sie wollen nicht alleine herumstehen, gleichzeitig haben Sie Hemmungen, sich mit Fremden bekannt zu machen. Halbherzig stellen Sie sich in die zweite Reihe einer dieser »Wagenburgen«, hören ein wenig zu, versuchen sich mit einer Bemerkung einzuschalten, doch keiner reagiert darauf, Sie bleiben unsichtbar. Noch peinlicher: Auf Ihre Bemerkung hin verstummt das Gespräch plötzlich, alle blicken Sie an, ein Witzbold fragt laut: »Ja, wen haben wir denn hier?!« Für schüchterne Zeitgenossen der GAU.

Sich zu offensichtlich anschleimen

Viele Menschen sind eitel und freuen sich über jede Art von Lobhudelei. Nach Auftritten und Reden sind die Vortragenden, die Schauspieler, Konferenzredner, Autoren und Musiker dafür besonders empfänglich. Netzrecherche ermöglicht es zudem, dass wir uns vorab über die Leistungen und Verdienste derjenigen, denen wir uns anbiedern wollen, ziemlich gut ins Bild setzen können. Das ermöglicht, den Angesprochenen eilfertig zu zitieren und seine Bücher, Auftritte, Interviews usw. über den grünen Klee zu loben. Gewiefte Schleimer greifen Begriffe, Redewendungen und Thesen ihres Opfers begierig auf und benutzen sie ausgiebig. Professoren mögen es besonders, wenn Kollegen und Studenten zudem ebenso ausgiebig aus ihren Schriften zitieren. Bedenken Sie jedoch, dass das Komplimentemachen eine Kunst für sich ist und äußerst kontraproduktiv wirken kann, wenn die Komplimente zu grob, zu intim oder zu aufgesetzt wirken!

Devotes Lachen

Gemeint ist ein überlautes, unangemessenes oder zu häufiges Lachen, wenn bestimmte »wichtige« Personen witzig sind oder es zu sein versuchen. Besonders peinlich, wenn der laute Lacher sonst als stiller, zurückhaltender Mensch bekannt ist, der eigentlich gar keine Witze mag.

Sonnenbrille im Gespräch nicht abnehmen

Wer in geschlossenen Räumen die Sonnenbrille nicht abnimmt, auf Highway-Police-Officer oder Mafiapate macht, sollte dazu gute Gründe haben. Lady Gaga bleibt da konsequent, selbst im Bett: »Selbst wenn ich nackt vor jemanden stehe, kommt der nicht automatisch darauf, dass ich Sex mit ihm haben möchte. Weil ich in solchen Situationen gerne meine blickdichte Sonnenbrille aufhabe.«[54]

Jemandem in den Ausschnitt starren

Männer, die sich im sachlichen Gespräch mit einer attraktiven Frau befinden, führen oftmals einen kläglich-lächerlichen Abwehrkampf gegen die Versuchung, ihr auf die Lippen oder in den Ausschnitt zu starren. Peinlich, wenn sich die Herren am Ende eines langen, objektiven Gesprächs doch nicht mehr beherrschen können, einen verstohlenen Blick wagen – und dabei prompt erwischt werden!

Mit zu tiefem Ausschnitt, in zu kurzem Rock

Frauen wiederum, die im Berufsleben, bei Konferenzen und beim anschließenden »Socializing« allzu offensichtlich ihre Reize einsetzen, gelten indes als ebenso peinlich, weil sie sich dem Verdacht aussetzen, sie hätten sonst nichts drauf.

Vom »Du« zurück zum »Sie«

Wie schnell ist man in unserer lockeren, egalitären Gesellschaft vom Sie zum Du gelangt – dazu muss man heutzutage nicht einmal besoffen sein! Das Du wirkt in vielen Branchen und Milieus eben lässiger, moderner, freundlicher. Hingegen ist der Weg zurück zum Sie wesentlich steiniger und zeigt an, dass eine tiefgreifende Entfremdung stattgefunden hat (»Ab heute bin ich für Sie wieder der Herr Bonke!«). Und was ist, wenn die eine Seite sich weigert, zum Sie zurückzukehren (»Ist mir egal, Michi. Ich sag weiter du zu dir«)?

Beim Lästern erwischt werden

Sie ziehen gerade über jemanden her, der in enger Beziehung zu Ihren Gesprächspartnern steht oder sogar unbemerkt hinzugetreten ist? Jetzt ist eigentlich nichts mehr zu retten. Entschuldigen Sie sich sofort und gehen Sie. Oberpeinlich: Sie verwechseln jemanden und merken dies erst mitten im Gespräch. Am schlimmsten: Sie sprechen mit der Person, über die Sie gerade mit einer anderen Person zu lästern glauben! Tja, das war's also. Jetzt können Sie nur noch Ihren Wagen an den nächsten Brückenpfeiler setzen.

Quälender Humor

Manche Witzbolde bemühen sich geradezu mit körperlicher Gewalt, den Erfolg ihrer Darbietung zu sichern: Sie kündigen lautstark und unter Umständen sogar mehrmals die Pointe an (»Und jetzt, halten Sie sich fest, jetzt kommt's!«), lachen ausgiebig selbst, tätscheln ihren Zuhörern den Unterarm, packen sie an der Schulter, knuffen und klopfen sie so lange, bis sie sich einen Lacher abringen.

Andere rechnen von vornherein mit ihrem Misserfolg und versuchen sich nach der versackten Pointe mit einem ironischen Lacher zu retten und somit das Blatt noch einmal zu wenden. Vielleicht ist es am besten, gar keine Witze zu erzählen oder ironische Bemerkungen zu machen. Und falls Sie es noch nicht wissen: Die meisten Menschen hassen Witze. Sie lachen nur deshalb gequält mit, um dem Witzeerzähler (der sonst vielleicht ganz in Ordnung ist) eine Blamage zu ersparen.

Ironie, die keiner versteht

Manche Schlaumeier, die den Brachialhumor (aus guten Gründen) ablehnen, schwören auf Ironie. Allerdings wirkt Ironie, die als solche nicht erkannt wird, irritierend, Selbstironie mitunter gar selbstzerstörerisch. Man versteht nicht, warum Sie sich selbst schlechtmachen, hält Sie gegebenenfalls für depressiv, fühlt sich vielleicht gar genötigt, zu trösten und zu beschwichtigen. Ironie hatte wohl auch US-Präsident Ronald Reagan im Sinne, als er am 11. August 1984 einen der berühmtesten Witze des Kalten Krieges machte: Während einer Mikrofonsprechprobe kündigte er die Bombardierung der Sowjetunion an. Missgünstige Journalisten veröffentlichten diese Tonprobe (»We begin bombing in five minutes«), die dann als »Beweis« für Reagans Dummheit oder Aggressivität herangezogen wurde.

Lächerlich weinerlich

Weinen im Kino gilt zwar weithin als tolerabel, in anderen Situationen ist es mit einem unerwünschten Kontrollverlust verbunden. Allerdings: Weinen bietet sich freilich auch als Reparaturmaßnahme und Fluchtmöglichkeit an, wenn man selbst eine peinliche Situation verursacht hat. Wer sich jetzt schluchzend ein Taschentuch vors Gesicht hält und Richtung Toilette eilt, kann seinen Fauxpas in den Hintergrund rücken lassen, und sich als »Opfer« in Szene setzen, dem das allgemeine Mitleid gilt (für Männer ist diese Taktik allerdings nur bedingt zu empfehlen).

Nörgeln und jammern

Unerträglich peinlich ist die Idee, ein geselliges Beisammensein mit persönlichen Jammergeschichten bereichern zu wollen. Wer chronisch zur »negativen Egozentrik« neigt, ohne
auf seine Gesprächspartner eingehen zu können, wird sich
rasch den Ruf eines Psychovampirs einhandeln.

Und wenn dann gerade diejenigen, denen es vergleichsweise gut geht, sich bei anderen, die viel schlechter dastehen,
über ihr Schicksal beklagen, ist die Grenze zum Zynismus
überschritten. Man kennt dies vielleicht noch aus der Schulzeit: Die Streber zitterten sich demonstrativ der gefürchteten
Mathearbeit entgegen, schrieben dann aber doch souverän
ihre Eins, während die schwächeren Schüler, von der Panik
angesteckt, die Sache völlig vergeigten.

Peinliches Schweigen

Viele fürchten sich vor dem Schweigen mehr als vor dem Reden. Die Vorstellung, in Gesellschaft zu schweigen, führt bei
manch einem zu Schweißausbrüchen (»Die anderen könnten denken, dass ich ein Trottel bin, weil ich nichts zu sagen
habe!«). Noch schlimmer ist es, wenn auf den Versuch, ein
Gespräch zu eröffnen, nur eisiges Schweigen folgt. Meistern
Sie die unangenehme Situation, in der man Sie hat auflaufen
lassen, indem Sie Ihre in den Raum geworfene Aussage kühn
zum Selbstgespräch deklarieren, weiterziehen oder zu einem
selbstreflexiven Monolog ausholen!

Zu große Reden schwingen

Bei überambitionierten Sprechern macht sich die Fallhöhe schmerzhaft bemerkbar: schiefe Bilder, falsche Metaphern und Zitate, fehlerhafter Gebrauch von Fremd- und Fachwörtern u. v. m. Legendär ist das Interview mit Fußballer Bruno Labbadia, der einmal versuchte, ihm unangenehme Gerüchte möglichst eloquent zu dementieren und verlauten ließ: »Das wird alles von den Medien hochsterilisiert!« (Fußballer-Interview-Bullshit ist legendär, eigentlich ist's aber etwas unfair, schließlich sind die Herren zum Fussballspielen und nicht zum Reden vor Ort). Doch gilt für alle: Zu hochtrabende oder altbackene Redewendungen wirken stets lächerlich, ebenso der massive Einsatz von Zitaten aus Antike und Weltliteratur, sofern hier nicht ein emeritierter Altphilologe spricht.

Den Fachidioten geben

In einer guten Konversation sollte es darum gehen, den kleinsten gemeinsamen Nenner zu finden, also Themen, zu denen möglichst alle etwas beisteuern können. Nichts ist peinlicher, als in Gesellschaft auftrumpfende Besserwisser, monologisierende Fachidioten und Leute, die sich in hitzigen Fachsimpeleien verlieren und nicht merken, dass sie die anderen ausschließen und langweilen. Peinlich auch, wenn man in der Begeisterung über gerade Erlerntes oder berauscht davon, nun endlich einmal das eigene Spezialwissen anbringen zu können, ins Dozieren kommt, seinen Gegenüber dann regelrecht totredet, und am Ende in erschöpfte, abwesende Gesichter blickt.

Den Proleten spielen

Bisweilen macht sich lächerlich, wer Umgangssprache, Jugendjargon oder Dialekt verwendet, um sich anzubiedern. Politiker demonstrieren gerne Volkstümlichkeit, indem sie ihre Reden mit Lokalkolorit färben, man denke nur an das Honoratiorenschwäbisch oder das absichtsvoll mit schwerem Akzent verunstaltete Schweizer »Hochdeutsch«. Ebenso peinlich ist es, wenn Mittelschichtsjugendliche aus Suburbia sich bemühen, US-Inner-City-Slang zu sprechen oder ein türkisch-arabisch imprägniertes Kiezdeutsch von sich geben. Ältere Semester, die sich durch den Gebrauch eines Jugendjargons zu verjüngen trachten, unterschätzen oft die Tatsache, dass sich dieser Jargon rasch ändern kann, und schließlich: Wie peinlich sind Leute, die auch im gesetzten Alter bei der Jugendsprache hängen geblieben sind, die damals angesagt war? Die mit Ende vierzig immer noch alles Mögliche »geil« oder »ätzend« finden? Nun denn, es wird todsicher die Zeit kommen, in der man in den Altersheimen und Pflegestationen des Landes Ausdrücke wie »voll porno«, »krass« und »endgeil« hören wird. Irgendwie ätzend, oder?

Pseudovornehm tun

Wie gesagt: Die Fallhöhe steigt mit den Ambitionen. Wer durch Kleidung, Stil und Ausdrucksweise versucht, ihm eigentlich fremde soziale Codes zu imitieren und dann aufgrund einer fatalen Halbbildung patzt, verstärkt die Blamage ins Unermessliche. So geriet auch die bürgerliche Familie von Prinz Williams Braut Kate Middleton ins Visier der Kritik: Mutter Middleton hatte sich offenbar durch die Benutzung der scheinbar vornehm-französischen Ausdrücke *toilet* und *pardon* blamiert. Tatsächlich gilt dies als grässlich proletenhaft. Stattdessen sagt man in der britischen Oberschicht *loo* bzw. *lavatory* und fragt einfach mit *what?* nach, wenn man etwas nicht verstanden hat.[55]

Auf Amerikaner machen

Der Autor lernte einmal einen Studienkollegen kennen, den er zunächst für einen Amerikaner hielt, da dieser Deutsch mit typischer englischer Färbung sprach und zudem erzählte, er käme frisch aus San Francisco. Es stellte sich aber heraus, dass Tim Deutscher war und gerade mal ein halbes Jahr in den USA gelebt hatte. In Hamburg angekommen, kultivierte er seinen Akzent, um als US-Boy durchzugehen.

Jemanden wiedertreffen, den man gerade erst verabschiedet hat

Eigentlich nur ein kleiner Zufall, der einem nicht peinlich sein muss, aber es ist immer ein wenig merkwürdig, jemanden wiederzutreffen, den man gerade verabschiedet hat. Nun fragt man sich: Soll ich jetzt noch mal grüßen oder noch mal Tschüss sagen? Meistens nickt man sich nur verlegen zu. Doch damit nicht genug, in einigen Fällen, beispielsweise bei einem Fest, Markt oder in einer Ausstellung, sieht man sich ein drittes, gar ein viertes Mal! Entweder beginnt man sich nun zu ignorieren – oder man setzt den Bummel gleich gemeinsam fort.

Technische Pannen

Wir alle wissen, wie schnell man sich vertippt hat, wie schnell eine E-Mail oder SMS an den falschen Empfänger gesendet wird, wie schnell sich private Informationen auf sozialen Netzwerken verbreiten können, ganz zu schweigen von den berüchtigten, mitunter höchst indiskreten Arschtelefonaten, die nur deshalb zustande kommen, weil man vergessen hat, beim Mobiltelefon die Tastatursperre zu betätigen, bevor man es in die Hosentasche gesteckt hat.

Im Netz enttarnt werden

Nicht wenige legen sich bei Online-Aktivitäten Tarnnamen und Profile zu, um in Erotikforen und Politblogs die Sau rauszulassen oder um dezent auf Plattformen wie Xing usw. diskret berufliche Connections zu knüpfen. Peinlich, wenn sich »lovemachine69« als Lidl-Filialleiter Lehmann entpuppt oder sich hinter der »darkwavedomina« die Institutssekretärin verbirgt.

Beim Sich-selbst-Googeln erwischt werden

Sich selbst googeln – und die Trefferzahl mit derjenigen anderer vergleichen, das ist eigentlich fast so peinlich wie Selbstbefriedigung. Aber anscheinend auch ebenso weit verbreitet! Sich am eigenen Ruhm zu berauschen – das machten schon große Künstler wie Thomas Mann, die sorgsam alle Kritiken oder Presseberichte über sich lasen und sammelten (wenngleich sie sich bemühten, den Eindruck zu erwecken, sie ständen über diesen Dingen). Auch heute, in Zeiten des all-gegenwärtigen Internets, ist dies ein häufiges Phänomen. Hollywoodstar Kirsten Dunst etwa gibt ganz offen zu: »Das sind halt unsere Zeiten […] Ich google mich – wer tut das nicht?«

Missverständnisse am Telefon

Schon mal den Herrn Professor für seine eigene Frau gehalten? Den Sohn für den Vater? Zu hohe und zu tiefe Stimmen sorgen für allerlei Missverständnisse, ebenso peinlich kann es sein, wenn man im ersten Augenblick den Anrufer nicht erkennt oder ihn verwechselt, eine Weile plaudert, und dann merkt, dass man mit einem ganz anderen Stefan oder einer anderen Jana telefonierte.

Sich verwählen

Peinlich auch, sich in der Telefonliste zu vertippen und versehentlich jemanden anzurufen, den man seit ewig langer Zeit nicht mehr gesprochen hat, etwa den Ex-Freund, die Mutter, die Oma, die Freundin, mit der man sich heftig verkracht hat, und das am besten noch zu einer unmöglichen Uhrzeit. Am kläglichsten ist es dann, eine krampfhafte Unterhaltung zu führen, weil es einem zu peinlich ist zuzugeben, dass man sich nur verwählt hat, und den Betreffenden eigentlich gar nicht sprechen wollte!

Sich vertwittern

Anthony Weiner, aussichtsreicher Kandidat der Demokratischen Partei für das New Yorker Bürgermeisteramt, brachte im Jahr 2011 selbst seine Karriere ins Schlingern, weil er die Angewohnheit hatte, jungen politischen Anhängerinnen intime Fotos zu twittern. Eines dieser Bilder, das Weiners graue Unterhose samt erigiertem Penis darin zeigte, war jedoch fälschlicherweise auch anderen Usern zugänglich, was konservative Gegner des Politikers flugs an die große Glocke hängten. Das Bild verbreitete sich in Sekundenschnelle im Netz, die Affäre »Weinergate« nahm ihren Lauf (wie der peinliche Zufall will, spricht sich »Weiner« im Amerikanischen auch noch wie »Wiener« aus, Synonym für Dackel oder eben: Penis). Unter Tränen musste das Sex-Würstchen zurücktreten. Was ist am peinlichsten bei der ganzen Geschichte? Weiners pubertäre Selbstverliebtheit, überhaupt solche Bilder zu verschicken? Dass die Bilder für die Öffentlichkeit sichtbar wurden? Seine klägliche Entschuldigungsrede? Dass er die Ehe mit seiner jungen, schönen, schwangeren Frau, einer Mitarbeiterin Hillary Clintons, auf diese Weise torpedierte? Oder dass eine politische Überflieger-Karriere auf diese Weise enden könnte?

KAPITEL 6

DIE WELT ALS FETTNAPF

Deutsche im Ausland – Blamage garantiert?

Eine Reise um die Welt steht an, und wir werden zahlreiche Gelegenheiten haben, uns gründlich zu blamieren. Bevor es losgeht, einige grundsätzliche Bemerkungen zum Thema »Deutsche im Ausland«. Die historische Belastung aus der Nazizeit ist immer noch präsent, und noch immer kann ein deutscher Akzent oder die deutsche Sprache heftige Reaktionen auslösen. »Ihr Akzent macht die Dinge schlimmer, als sie eigentlich sind«, sagt Adam Sandler in der US-Komödie *Wie das Leben so spielt* (Original: *Funny People*) zu einem deutschstämmigen Arzt, der ihm gerade eine unangenehme Diagnose mitgeteilt hat. Und dies gilt ganz allgemein, wenn man als Deutscher im Ausland den Mund aufmacht. Doch manchmal tritt auch das überraschende Gegenteil ein, und man erntet Schulterklopfen und Anerkennung. Wenn auch aus bedenklichen Gründen: Der weitgereiste Autor selbst wurde einmal in einer irischen Kneipe mit freudigen Heil-Hitler-Rufen begrüßt, nachdem sein Akzent beim Bierbestellen aufgefallen war (bis heute ist man dort der Luftwaffe für die Bombardierung Londons dankbar). Und im marokkanischen Fes fand er sich rasch in einem Pulk jugendlicher Bewunderer, die ihm anerkennend signalisierten, dass »sein Landsmann« Hitler endlich mal was gegen die Juden unternommen habe. Eine peinlich-prekäre Situation, in der man gezwungen ist, seine Fans mehr oder weniger huldvoll abzuwimmeln. Sich über die freundliche Aufnahme erfreut zeigen, und trotzdem klarmachen, dass man kein wenig stolz auf den Nationalsozialismus ist – das kann schon mal schwierig werden. Auch die Anfeindungen verspäteter Antifaschisten, die einem in den europäischen Nachbarländern bisweilen widerfahren, sollte man dezent, aber mit Nachdruck zurückweisen. Manche Deutsche quälen sich mit der historischen Scham, haben schon Probleme, nur das Wort »Jude« auszusprechen (merke: ist an sich keine Beleidigung) oder bemitleiden sich selbst, weil sie einen Urgroßvater hatten, der in der SA war. Wer also vor lauter historischer Befangenheit kaum noch geradeaus gucken kann, der sollte lieber gleich zu Hause bleiben. Auf jeden Fall ist von jeglicher Überheblichkeit abzuraten, weder die Leistungsfähigkeit der Wehrmacht (»Wüstenfuchs!«, »Blitzkrieg!«) noch Wernher von Brauns Raketentechnik (»Geburtsstunde der Raumfahrt!«) und auch nicht das Autobahnbauwesen (»Arbeitsplätze!«) zwischen 1933 und 1945 sind zu loben, denn letztlich war nichts gut im »Dritten Reich«. Andererseits ist auch vor den peinlichen Exzessen eines späten Täterstolzes zu warnen – jene schulmeisterlichen Exkurse über die vorbildliche Gedenkkultur, Vergangenheitsbewältigung und Friedensliebe im modernen Deutschland. Überhaupt sollte man sich als Deutscher zurückhalten, andere in Sachen Krieg, Totalitarismus oder Menschenrechte zu belehren. Der Autor selbst verpasste in jungen Jahren natürlich auch dieses Fettnäpfchen nicht. Unter Hippies und Surfern am portugiesischen Atlantikstrand kam er mit einem Israeli ins Gespräch und hatte nichts Besseres zu tun, als diesem nach wenigen Minuten vorzuwerfen, dass »die Israelis mit den Palästinensern heute so umspringen wie die Nazis 1933 mit den Juden«. Der Autor verstand damals nicht, warum das Gespräch sofort beendet war. Wem dies alles zu kompliziert oder zu anstrengend ist, der gebe sich im Ausland einfach als Niederländer, Schweizer oder Däne aus, denn die unterscheiden sich aus amerikanischer, asiatischer und arabischer Perspektive nicht die Bohne von den Deutschen (auch wenn unsere Nachbarn dies natürlich nicht wahrhaben wollen, weil die Abgrenzung von »den Deutschen« ja ein wichtiger Bestandteil ihrer Identitätsfindung ist).

Da Deutschland ein reiches, hoch entwickeltes Land ist, sollte man auch auf jegliche Besserwisserei in technischen Dingen, in Sachen Marktwirtschaft und Umweltbewusstsein verzichten (schlimm genug, dass das deutsche Wort »Besserwisser« bereits als Fremdwort in andere Sprachen eingegangen ist, etwa ins Schwedische). Andererseits gilt es im Ausland als peinlich und hochgradig irritierend, wenn man als Deutscher sein eigenes Land schlechtmacht, und dauernd über Neonazis, Arbeitslosenquoten oder Lebensmittelskandale klagt. Der Ruf Deutschlands in der Welt ist oftmals besser als erwartet – wenn auch auf einer eher materiellen, popkulturellen oder rein landschaftlichen Ebene (Daimler, BMW, Fußball, Würstchen, Rammstein, Lederhose, grüner Wald, grüne Wiesen usw.), während Goethe, Beethoven oder Bach immerhin auch, aber meist nur von einer gebildeten Minderheit, kommemoriert werden. Somit ist ein relaxtes *Right or wrong – my country* manchmal durchaus angebracht. Denn die meisten unserer Probleme sind nun mal, im globalen Maßstab betrachtet, Luxusprobleme, um die uns andere beneiden.

Parcours der Peinlichkeiten

Derart gut präpariert, können wir auf Weltreise gehen, uns im Slalom zwischen den dicht platzierten Fettnäpfchen hindurchschlängeln. Fangen wir zunächst ganz in der Nähe an, bei unseren südlichen Nachbarn in der **Schweiz**. Dort ist vieles besser als in Deutschland (Löhne, Luft, Wasserqualität, Käse, Bundesbahn, Arbeitsmarkt, Sauberkeit, Höflichkeit), Sie sollten sich aber unbedingt davor hüten, dies öffentlich zu sagen, weil die Schweizer sonst Angst bekommen, Sie würden (wie so viele andere) dableiben. Die folgenschwersten Fauxpas im Gespräch mit Schweizern finden Sie hier. Sie sollten nicht:

- die schweizerische Unabhängigkeit von der EU, die Milizarmee, die Ausländerpolitik kritisieren
- fragen, ob man in Euro bezahlen kann
- immerzu über die hohen Preise jammern
- versuchen, den »ach-so-putzigen« Dialekt nachzuahmen
- Höflichkeit mit persönlich gemeinten Sympathiesignalen verwechseln. Viele Schweizer wirken auf Deutsche derart freundlich, dass letztere perplex annehmen, sie hätten neue Freunde gefunden. Ein gravierendes Missverständnis! Es geht den Schweizern lediglich darum, auf dem engen Raum zwischen Bergen und Seen halbwegs erträglich zusammenzuleben und auf ordentliche Weise miteinander Geschäfte machen zu können.

Der Weg über die Alpen Richtung Süden führt uns nach **Italien**, wo man besser Folgendes unterlässt:
- »typisch italienisch« gestikulieren (das muss gekonnt sein, wenn Deutsche es versuchen, wird's oft peinlich)

- Pizza »Hawaii« bestellen
- dem Geschäftspartner in Milano Chianti-Korbflaschen schenken (das ist eher was für Tante Gisela in Recklinghausen)
- und schließlich: Hüten Sie sich davor, Italien als »Scheißland« zu bezeichnen, selbst wenn es Ihnen mehr als einmal auf der Zunge liegt! Das darf nur Silvio Berlusconi. Im Telefongespräch mit einem Journalisten verlieh der damalige Ministerpräsident seinem *Bel Paese* im Juli 2011 diesen wenig patriotischen Titel (»In ein paar Monaten werde ich fortgehen, um mich um meinen eigenen Kram zu kümmern. Ich verlasse dieses Scheißland, bei dem ich kotzen könnte.«). Peinlicherweise wurde dieser Teil des Gesprächs abgehört und veröffentlicht, was den Regierungschef dann zu folgendem Statement veranlasste: »Das ist eine dieser Sachen, die man spätabends am Telefon so sagt, wohl in einem entspannten Augenblick und mit einem Lächeln.« Also: Wenn schon »Scheißland«, dann nur mit einem Lächeln im Gesicht. Dann passt's.

Weiter geht's Richtung Westen, nach **Frankreich**: Frankreich über alles, das Motto gilt vor allem, wenn man sich dort befindet. Also bitte nie …
- in der Konversation ausufernd über das eigene Land sprechen, das interessiert keinen
- sich über die Affären Prominenter (Franzosen) aufregen, denn diese werden weithin als Kavaliersdelikt angesehen
- versuchen, mit Franzosen eine Unterhaltung in einer Fremdsprache zu führen (Franzosen ist es peinlich, in einer fremden Sprache radebrechen zu müssen, dann müss-

ten sie ihre Autorität, ihr kulturelles Überlegenheitsgefühl aufs Spiel setzen. Deshalb bestehen sie oft darauf, ausschließlich auf Französisch zu kommunizieren, was natürlich auf andere peinlich arrogant wirkt)

- nach dem Einkommen fragen. »In Gelddingen schweigt man, als handele es sich um eine Peinlichkeit«, stellte der langjährige ARD-Korrespondent und Frankreichkenner Ulrich Wickert fest. Ein Verhalten, das in allen gesellschaftlichen Schichten, vor allem aber in den besseren Kreisen anzutreffen ist. »Wer sehr reich ist, wird das nie sagen, außer er ist neureich. Ein Reicher ist allenfalls wohlhabend, sieht sich *dans une situation assez confortable.*«

- dem Gegenüber beim Wangenkuss einen echten, womöglich noch hörbaren Schmatzer aufdrücken; der Begrüßungskuss wird zwei- oder viermal ausgeführt, jedoch stets nur angedeutet.

Wenden wir uns nordwärts und passieren den Kanaltunnel: **Cool Britannia** liegt vor uns. Für Ausländer ist vor allem die traditionelle britische Höflichkeit irritierend, sie bietet mitunter Gelegenheit zu peinlichen Missverständnissen: So erging es der polnischstämmigen Übersetzerin Alicja Weikop, die in einem Restaurant die Frage stellte, ob man auch draußen sitze könne (»Can we sit outside?«). Doch die direkte Art, wie sie in Polen oder Deutschland üblich ist, kam ganz schlecht an. Richtig wäre gewesen: »Entschuldigung, ich frage mich, ob es eventuell möglich wäre, vielleicht an einem Tisch draußen zu sitzen, bitte schön?« (»Excuse me, I was wondering if it was possible to perhaps sit at one of your outside tables please«). Das war das Minimum an Höflichkeit. Ein anderes Beispiel: Alicja plauderte am Telefon mit ihrer Schwiegermutter und legte dann auf. Verwundert fragte ihr Mann Christian, ob seine Mutter gar nicht mit ihm habe sprechen wollen? Nein, sagte Alicja, sie habe gar nicht nach ihm gefragt! Tatsächlich wäre es der Schwiegermutter peinlich gewesen, die schöne Konversation mit Alicja zu unterbrechen, um ihren Sohn zu sprechen. Andererseits muss sie es als peinlich unhöflich empfunden haben, dass Alicja nicht von sich aus anbot, ihren Mann zu rufen.

Königlich britisch blamieren kann man sich etwa, indem man …

- Kritik am Königshaus oder gar am Monarchismus insgesamt übt
- England und Großbritannien verwechselt
- Geschichtslektionen über den britischen Kolonialismus, den Nordirlandkonflikt oder Fußball anbringt. Besonders zu vermeiden: Erinnerungen an das WM-Halbfinale 1990 (5:4 für Deutschland) oder das WM-Achtelfinale 2010 (4:1 für Deutschland). Im Gegenzug gilt es, sich nicht provozieren zu lassen, falls die Gastgeber maliziös auf die Partien in München 2001 (5:1 für England) oder Oxford 1909 (9:0 für England) anspielen
- den Briten zu sehr auf die Pelle rückt
- beim Einstieg in den Bus wild drängelt oder beim Schlangestehen schummelt
- mit dem Auto konsequent rechts fährt, dicht auffährt und hupt. Alicja staunte nicht schlecht, als sie nach England umgezogen war: »Ich habe nie zuvor eine derartige Höflichkeit beim Autofahren erlebt. Die Briten lassen einem

oft die Vorfahrt, ganz unabhängig von den Verkehrsregeln, nur weil sie es nicht eilig haben und großzügig sind – einen freundlichen Wink hinter der Windschutzscheibe habe ich in Polen nie gesehen.«

- in geselliger Runde nur sein eigenes Bier bestellt; denn es wird stets für alle geordert und rundenweise bezahlt
- außerdem: Das französische Begrüßungsküsschen wird nicht überall geschätzt – vor allem nicht von Männern.

Von den britischen Inseln aus sind die **USA** vergleichsweise nahe liegend, auch sprachlich. Trotzdem sind die Mentalitätsunterschiede erheblich. Wer laut über sich selbst spricht, ist mit Sicherheit Amerikaner – sagt zumindest der Brite. Dafür wird in Amerika viel mehr gelächelt, vor allem in Geschäften und in Serviceberufen. Das amerikanische Dauerlächeln – Psychologen sprechen von einem sogenannten Kontaktlächeln, das jede Kontaktaufnahme begleitet und erleichtert – wirkt auf viele Europäer aufgesetzt und schlecht geschauspielert. Europäer lächeln in der Regel seltener, d. h. wenn auch ein gewisser Grund dafür besteht (das sogenannte Anlasslächeln). Als Vitali Klitschko, der ukrainische Schwergewichtsboxchampion, im Frühjahr 1989 zum ersten Mal in seinem Leben in die USA reiste, konnte er nicht glauben, wie ihm geschah: »Wohin ich auch schaute, die Menschen lächelten. Erst dachte ich, sie würden mich auslachen, weil ich diesen komischen Trainingsanzug trug.« Später irrte Klitschko durch eine Shopping Mall: »Kaum steckte ich meinen Kopf in ein Geschäft, schoss mir jemand entgegen. ›Hello!‹ Meinte die junge Frau etwa mich? Ich drehte mich um, hinter mir stand niemand. ›How are you doing?‹ Sie strahlte mich immer noch an, wobei sie mir ihre weißen Zähne zeigte. ›Can I help you?‹ Ich begriff nicht und machte mich lieber aus dem Staub.«[56] So viel Freundlichkeit war dem ansonsten furchtlosen Boxer, der an den barschen Alltagston der Sowjetunion gewöhnt war, einfach zu unheimlich.

Manche sprachlichen Missverständnisse deutscher USA-Besucher sind inzwischen zu legendären Kalauern geworden, etwa die Restaurantbestellung »I become a beefsteak«. Außerdem: Einen Unternehmer sollten Sie nicht *undertaker* nennen, und Public Viewing kann als makabre Angelegenheit verstanden werden. Und: Englisch ist nicht gleich Englisch: Sprachliche Unterschiede zwischen Briten und Amerikanern können für überaus peinliche Missverständnisse sorgen: *Pants* heißt Hose in USA, jedoch Unterhose im britischen Englisch, *restroom* heißt Toilette in den USA, in England bedeutet es Pausenraum, während *rubber* in England ganz unverfänglich Radiergummi bedeutet, bezeichnet man in den USA damit ein Kondom. In den USA lobt man stets im Superlativ, ein »not bad« gilt als schwere Beleidigung. Man sagt ständig Bitte, Danke, Sorry. Man solle sich nicht wundern, von wildfremden Menschen als »Süße« *(honey)* oder »Schätzchen« *(My dear)* angesprochen zu werden – keine Angst, es ist nicht persönlich gemeint. Die Amis mögen Konversation, die auf freundlichen Phrasen beruht, und es wäre peinlich, diese Redewendungen inhaltlich ernst zu nehmen. Alles ist prinzipiell *great, gorgeous, awesome* oder zumindest *very interesting.* Auf die Begrüßungsformel »How are you«? gibt es (wenn überhaupt) nur eine denkbare Antwort: »Great!« Eine ehrliche Antwort, möglicherweise noch eine ausführliche Beschreibung gemischter Befindlichkeiten, wäre extrem peinlich, es sei denn, Sie wollen als depressiver Grübler erscheinen. Man freut sich stets, jemanden kennenzulernen, fühlt sich gut (»I'm fine!«) und erwartet dies selbstverständlich von den anderen. Begriffe wie *must* oder *should* hört man dagegen ungern, sie werden als zu direkt und zwanghaft empfunden. Weitere peinliche Themen, die man in der Konversation vermeiden sollte: Sex, sexuelle Orientierung, Religion, Politik, Frauen, Hautfarbe und ethnische Herkunft, die vielen Obdachlosen auf der Straße, die epidemische Fettleibigkeit, Kriminalität, Todesstrafe, Antiterrorkampf, Irak-/Afghanistankrieg – also fast alles. Bleibt immerhin noch Baseball und das Wetter. Zum Abschied sagt man gerne mal ein »You have to come for dinner one evening« so dahin, doch wer dies ernst nimmt und dann tatsächlich vor der Tür steht, erzeugt eine hochpeinliche Situation.

Die oftmals lockere Art der Amerikaner zu kommunizieren, der Mangel an Form, vor allem im Berufsleben, steht für Selbstbewusstsein, man darf dies aber nicht mit authentischer Kumpelhaftigkeit verwechseln. Und wird man dann doch mal privat eingeladen, sollte man sich darauf einstellen, unverhofft beim Tischgebet mitmachen zu müssen. Manchmal wird dem Gast sogar die Ehre zuteil, das Gebet vorsprechen zu dürfen. Nun heißt es improvisieren und eiligst einige Vaterunser-Zeilen aus dem Langzeitgedächtnis hervorkramen. Einem bestimmten Reglement unterliegen auch der Flirt und die Verabredung zu zweit. Ein Rendezvouz läuft meistens mehrstufig ab. Nach dem Tausch der Telefonnummern geht's erst mal zum Kennenlernen ins Kino oder zum Abendessen ins Restaurant, allerdings nur unter der Woche, da sonst das Open End schon die Möglichkeit erotischer Begegnungen implizieren würde, und dies gilt beim ersten Date als unschicklich. Da der Mann alles bezahlt, erwartet er ab dem dritten Date grünes Licht in Sachen Sex. Schritt für Schritt gerät eine Frau, die sich fortwährend einladen lässt, also in eine Bringschuld gegenüber dem Herrn. Damen, denen dieser Mechanismus nicht gefällt, zahlen besser konsequent und von Anfang an selbst, auch wenn das vielerorts als peinlicher Affront gilt.

Weitere Don'ts im US-Alltag:

- die Verwendung all jener Vulgarismen, die man aus US-Filmen kennt!
- in der Öffentlichkeit pinkeln; wer dabei erwischt wird, riskiert saftige Geldstrafen, in einigen Staaten sogar die Aufnahme in die Sexualstraftäterkartei (Urinieren = Entblößen = Exhibitionismus)
- Herren mit eng anliegender Sportbadehose werden schief angesehen, an manchen Familienstränden ist sie sogar verboten, da die anatomisch viel zu explizite *Banana hammock* (»Bananenhängematte«) nur bei Schwimmwettkämpfen oder am Gay Beach getragen wird
- am Strand oben ohne liegen (für Frauen)
- und schließlich: zweideutige Komplimente sind generell zu vermeiden, da unter Umständen Millionenklagen wegen *sexual harassment* drohen.

Via Hawaii erreichen wir die **Japanischen Inseln**. Die extreme Formalisierung in den Sozialbeziehungen der Japaner dient vor allem dem Ziel, Peinlichkeiten, Überraschungen, Streit und Gewalt zu verhindern. Traditionell wurden in diesem übervölkerten Land der harmonische Umgang miteinander und die Einordnung in die Gruppe höher bewertet als Wahrheit und Selbstverwirklichung des Einzelnen. Die Kenntnis der sozialen Regeln gilt bis heute als Beweis der Zugehörigkeit. Pokerface und Lächeln dienen als Maske, als Schutzschild für Emotionen. Diese Erfahrung machte auch Torwartlegende Oliver Kahn, er gehörte zu den beliebtesten Stars der Fußball-WM, die im Jahr 2002 in Japan und Korea stattfand. Die Medien hätten ihn, erinnert sich Kahn, als »Samurai« bezeichnet: »Mir [wurden] bestimmte Eigenschaften zugeschrieben: Disziplin, Einsatz, Kampf, Selbstbeherrschung. Besonders mein ernstes Gesicht hatte es ihnen angetan.« Nach dem unglücklichen, durch einen Torwartfehler entschiedenen Finale wurde Kahn genau beobachtet: »Wahrt er sein Gesicht, wie es die Samurai zu tun pflegten? Oder läuft er davon, um sich zu verkriechen?« Kahn biss bei der Siegerehrung in Yokohama die Zähne zusammen, obwohl es ein Moment war, »in dem man als Sportler fast sterben möchte«.[57] Andererseits, und das irritiert westliche Besucher, gibt es trotz der verbreiteten Zurückhaltung gewisse Ventile, mit deren Hilfe sich Aggression und Regellosigkeit der Japaner entladen, etwa außerhalb der eigenen Gruppe in der Anonymität der Öffentlichkeit (z. B. beim wilden Geschubse und Gegrapsche in der U-Bahn) oder außerhalb formaler Ereignisse, wie beim Saufgelage nach Arbeitsschluss, wo man oft sogar zusammen mit dem Chef die Sau rauslässt, um am nächsten Morgen so steif und formal wie immer weiterzuarbeiten.

Einige nützliche Hinweise bezüglich Gestik und Körpersprache sollen hier nicht fehlen: Händedruck und Schulterklopfen gelten als peinlich-aufdringlich (etwa die besonders im handwerklichen Mittelstand beliebte »teutonische Prankenzwinge«), ebenso der direkte Blick in die Augen bei Begrüßung und Konversation. Was bei uns als Zeichen von Aufmerksamkeit gilt, kann also unter Asiaten als Nötigung betrachtet werden. Peinlich auch, wenn man gedankenlos die Arme vor dem Körper verschränkt. Bei uns eine beiläufige Geste, wird dies in Japan als ausgesprochen dominant empfunden, so als ob jemand unbedingt den Boss markieren will. Und noch ein wichtiger Hinweis auf missverständliche Gesten: Eine negative Antwort drücken Japaner aus, indem sie mit der rechten Hand vor dem Gesicht hin- und herwedeln, als wollten sie eine Fliege verscheuchen – beachten Sie dies, wenn Sie beim Reden gerade eine echte Fliege verscheuchen möchten. Weitere Fauxpas ergeben sich im Umgang mit Komplimenten: Diese können von Japanern unter Umständen als Beleidigung aufgefasst werden, weil sie selbstverständliche Leistungen als Besonderheit darstellen. Wer Komplimente macht, zwingt den Belobigten in einen peinlichen Vergleich mit anderen. Überschwängliches Lob gilt zudem als unehrlich. Erhält man Komplimente von Japanern, sollte man stets abwiegeln, sein Licht unter den Scheffel stellen – andernfalls gilt man als ungeschlachter Angeber. Im Visitenkartenkult hingegen äußert sich das statusbewusste Denken insofern, als dass man ohne Visitenkarte als Niemand betrachtet wird.

Beim geselligen Essen ist Folgendes zu beachten:
- Stecken Sie Ihre Stäbchen niemals aufrecht in den Reis, denn das sieht aus wie ein in Japan verbreitetes Totenri-

tual, bei dem den Verstorbenen auf diese Weise Reis offeriert wird.

- Man sollte auch generell nichts mit Stäbchen aufspießen, geschweige denn einzelne Happen mit den Stäbchen weiterreichen; mit dieser Geste werden im buddhistischen Ritual Knochen aus der Asche Verstorbener herausgenommen und den Angehörigen überreicht.
- Bei Geschäftsessen und privaten Einladungen ist es durchaus üblich, dass die Gastgeber ihre Gäste zu einem bestimmten Zeitpunkt hinauskomplimentieren.
- Beim Geschäftsessen im Restaurant gilt: Der Ranghöchste entscheidet unmittelbar, ob ein Essen beendet ist, steht abrupt auf, verabschiedet sich knapp und geht. Peinlich, wer dann noch sitzen bleibt oder hastig aufzuessen versucht.

Westler irritiert es, dass verschnupfte Japaner den Rotz stets mehr oder weniger geräuschvoll hochziehen, obwohl Körpergeräusche ihnen eigentlich peinlich sind – gerade in öffentlichen Toiletten, wo man nicht allein ist. Dort kam die Mode auf, während des Toilettenganges ständig das Wasser laufen zu lassen, um peinliche Geräusche zu übertönen. Um die grassierende Wasserverschwendung zu stoppen, erfand die japanische Industrie das Produkt *Otohime* (= Klangprinzessin): Beim Betreten der Kabine wird automatisch ein Klangteppich aus Vogelgezwitscher und Wasserrauschen erzeugt.

Wir setzen über aufs asiatische Festland, nach **China**. Zunächst sollte einmal vorweggeschickt werden, dass China ein heterogenes Land mit Dutzenden von Nationalitäten und großen regionalen Unterschieden ist. Somit sind Verallgemeinerungen schwierig, und die im Folgenden beschriebenen Tendenzen mit einer gewissen Zurückhaltung zu betrachten. Trotzdem finden sich nicht wenige Situationen mit hohem Blamagepotenzial:

- beim Essen und in Gesellschaft: Rülpsen gehört zum buchstäblich guten Ton, auch dürfen Speisereste auf den Boden und den Tisch gespuckt werden
- Naseschnäuzen gilt hingegen als ekelerregend hoch zwei
- langer Blickkontakt in der Konversation wirkt auf Chinesen peinlich
- missverständliche Gestik und Mimik: So kann das kraftvolle Mit-der-Faust-in-die-offene-Hand-Klopfen, mit dem wir euphorische Aussagen wie »der Markt boomt wie noch nie« unterstreichen, in China als derbe Beischlafgeste gedeutet werden
- einem Chinesen niemals kumpelhaft auf den Rücken klopfen, auch wenn er hustet, dies gilt als äußerst unhöflich
- hochgezogene Augenbrauen signalisieren nicht etwa Interesse am Gespräch, sondern ein kompromittierendes, wenngleich wortloses »Nein«.

Überhaupt ist der Körperkontakt eine heikle Angelegenheit. Die chinesische Literaturwissenschaftlerin Han Yan Krüger, die schon seit Jahren in der Schweiz lebt, hat in diesem Punkt mit manchen europäischen Sitten Probleme: »Das Küsschen-Verteilen der Schweizer oder Franzosen sowie der Handkuss sind mir manchmal peinlich, zumal wenn die Küsse von einer Person des anderen Geschlechts kommen. Ich würde ihnen so gern sagen, dass ich eigentlich nur von meinem Mann oder meiner Tochter geküsst werden möchte.« Gelegentlich werden in chinesischen Restaurants Speisen serviert, deren Genuss Überwindung kostet: etwa diverse Maden, Würmer oder gegrillte Skorpione. Britta Steffen, deutsche Spitzensportlerin, setzte da lieber auf Mitgebrachtes aus dem heimatlichen Bioladen, als sie im Sommer 2011 an der Schwimm-WM in Schanghai teilnahm: »Ich habe Haferflocken, Hirseflocken und ganz viele Nüsse mitgenommen. Davon rühre ich mir meinen Brei zusammen, von dem ich zwei Wochen leben kann«, verriet sie der Presse. Lecker! Für eine Medaille reichte diese Spezialdiät allerdings nicht aus. Ist man privat bei Chinesen eingeladen, sollte man den Teller nie ganz leer essen, insbesondere keine Soße mit Brot aufsaugen, denn das könnte interpretiert werden als: »Oh Gott, ich muss sogar die Soße essen, um hier satt zu werden«. Zu den Gesprächsthemen bei Tisch: Politische Fragen (Tibet, Menschenrechte, Internetzensur etc.) werden in China eher selten diskutiert, und wenn, dann sicher nicht mit Ausländern, die davon keine Ahnung haben oder als belehrende Besserwessies auftreten. Andererseits gibt es durchaus auch Sujets oder Komplimente, die in Deutschland Befremden auslösen würden, in China jedoch zum gängigen Konversationsrepertoire gehören. Seien Sie also nicht beleidigt, wenn man Ihnen ins Gesicht sagt: »Sie sind aber schön fett geworden!« Lächeln und nicht widersprechen! Dies ist nett gemeint und signalisiert Respekt in einem Land, das in seiner Geschichte viele Hungersnöte hinter sich gebracht hat. Wohlstand verbirgt man in weiten Teilen Asiens (und Osteuropas) eben nicht so schamhaft wie in Alteuropa. Üblich ist in China zum Beispiel auch die direkte Frage nach dem Einkommen des

Gesprächspartners. Bei der Antwort ist dann Schummeln durchaus erlaubt, dann hat man ein besseres Standing. Und: Ob privat oder geschäftlich – Geschenke sind immer gern gesehen. Und bitte lassen Sie die Preisschilder dran! Damit signalisieren Sie Ihren chinesischen Gastgebern und Geschäftspartnern, was sie Ihnen wert sind. Auf keinen Fall sollten Sie eine Uhr verschenken (bedeutet in etwa: »Ihre Lebenszeit läuft ab«) oder Verträge mit rot unterschreiben (sinnbildlich für: »beendet unsere Freundschaft«). In geschäftlichen Verhandlungen kann Schweigen übrigens durchaus als Tugend gelten: Ein Sprichwort lautet: »Wer weiß, spricht nicht. Wer spricht, weiß nichts.« In Verhandlungen sind folglich minutenlange, bedeutungsschwere Pausen üblich, in denen beide Seiten die Gedanken und Reaktionen der anderen zu lesen versuchen. Wer unterbricht, erweckt den Anschein, er müsse peinlichst etwas verbergen.

Unbedingt zu beachten ist zudem, dass Zahlen in China eine mythologische Rolle spielen und ihr Gebrauch für den unachtsamen Europäer peinliche Situationen heraufbeschwören kann. Die Zahlen Vier, Sieben und Zehn gelten als Unglückszahlen. Die Aussprache von Vier und Zehn hört sich ähnlich an wie das Wort »Tod«, während sich die Zahl Sieben wie der Ausdruck »fortgegangen« anhört. Bei Einladungen gilt es außerdem, möglichst eine gerade Zahl von Gästen einzuladen, um Unglück fernzuhalten. Zahlen mit positiver Bedeutung sind hingegen die Sechs, die Acht und die Neun, da ihre Aussprache an positive Begriffe erinnert. Der Zahlenaberglaube kommt auch in der Wahl von Telefonnummern oder Zimmernummern in Hotels zum Ausdruck. Allerdings scheinen Ausländer in China gewisse Freiheiten zu genießen, glaubt Han Yan: »Die Chinesen gehen davon aus, dass die Ausländer sich sowieso anders verhalten. Daher darf ein Ausländer in China fast alles tun. Die Chinesen erklären das dann mit ›fremden Sitten‹. Und sind sehr überrascht, wenn die Ausländer einige Sätze Chinesisch sprechen können oder chinesische Umgangsformen übernehmen.«

Weiter geht's über den Himalaya nach **Pakistan**, in eine der gefährlichsten Regionen der Welt. Deutsche hatten hier lange Zeit ein Heimspiel, denn sie genossen bei den Pakistanern großes Ansehen, vier wichtige Gründe seien hier erwähnt. Erstens: deutsche Autos (vor allem Daimler und BMW), zweitens: Hitler (Autobahnbau), drittens: Hitler (Feind der Juden), viertens: Hitler (Feind der Briten, der ehemaligen Kolonialherren am Indus). Doch seit Beginn des Bundeswehreinsatzes am Hindukusch hat der Ruf der Deutschen gelitten, sie gelten nun wie die meisten anderen Westler als nichtswürdige speichelleckerische Lakaien der Amerikaner. Tja. Trotzdem: Pakistan ist für abenteuerlustige Zeitgenossen immer eine Reise wert. Spannend wird's in jedem Fall, und jede Menge Fettnäpfchen stehen für den westlichen Touristen bereit. Dem Besucher werden zunächst einmal die vielen Männer auffallen, die in inniger Umarmung oder händchenhaltend durch die Straßen laufen. Ebenso irritierend wirken die Kerle, die ihre Augen dick mit Kajal umranden. Doch Pakistan ist keineswegs ein Gay-Paradies! Vielmehr handelt es sich um regionale Traditionen: Kajal soll die Augen widerstandsfähig machen gegen den gefürchteten »bösen Blick«, und Freundschaft unter Männern drückt sich durchaus in körperlicher Nähe aus. Ebenso wenig weist ein überlanger

Händedruck oder ein um die Schulter gelegter Arm darauf hin, es hier mit jemandem von der anderen Fakultät zu tun zu haben.

Moscheebesuche (sofern diese zurzeit für Westler überhaupt noch möglich sind) sollte man stets nur in neuwertigen Socken angehen, sonst ergeht es einem wie Paul Wolfowitz. Als der damalige Präsident der Weltbank vor einigen Jahren eine Moschee besuchte (die berühmte Selimiye-Moschee im türkischen Edirne), zog er die Schuhe aus, und seine durchlöcherten Socken zogen alle Blicke auf sich. Die Bilder von den Lumpen-Strümpfen des Top-Bankers gingen um die Welt. Die Kleidung sollte also stets der Würde des Ortes angemessen sein. Unvergesslich ist auch der Skandal, als Prinzessin Diana 1991 die Bashari-Moschee im pakistanischen Lahore im kurzen Rock besuchte. Das vom Mullah hektisch ausgehändigte Tuch, um ihre Beine zu bedecken, kam zu spät. Außerdem ist zu beachten: Während des Fastenmonats sollte man den Muslimen in der Öffentlichkeit nicht genüsslich was vorkauen, das gilt als taktlos.

Braune Haut und leichte Kleidung – ob auf dem Bazar oder im privaten Raum – erachten Pakistaner generell als ebenso peinlich. Sie können nicht verstehen, warum sich überhaupt jemand von der Sonne bräunen lassen will – das Schönheitsideal ist hier (wie auch in Indien, Japan oder China) die vornehme Blässe. Und Szenen wie die folgende, die ein Touristenpärchen auf dem Bazar von Rawalpindi erlebte, sollte man unbedingt vermeiden, es sei denn, man liebt das Bad in der Menge: Die beiden Traveller waren in Shorts und Trägerhemdchen unterwegs, das lange Haar mit einem Stirnband fixiert. Innerhalb weniger Minuten hatte sich ihr privater Bummel in eine lächerliche Prozession verwandelt: Lachende, feixende oder vor Erstaunen erstarrte Männer säumten ihren Weg, Horden lärmender Kinder kündigten ihr Auftauchen an, zupften unablässig an ihrer knappen Kleidung und den Rucksäcken. Besonders westliche Frauen werden in den schmalen, vollen Gassen des Bazars einer Nervenprobe ausgesetzt, denn es wird gedrängelt, geschubst, gegrabscht. Gelegentlich setzt's auch mal einen kräftigen Klaps auf den Hintern, feige verübt von vorbeirasenden Fahrrad- oder Mopedfahrern. Versteckt unter einer zeltartigen Burka lebt sich's da schon angenehmer.

Sonstige peinliche Don'ts beim Stadtbummel:

- blanker Oberkörper bei Männern oder enge Hosen, bei denen sich die Geschlechtsteile abzeichnen
- Frauen mit Dekolleté und Zigarette im Mund (sie düpieren damit auch die männlichen Begleiter, besonders wenn es sich um einheimische Freunde oder Gastgeber handelt)
- Fotografieren von pittoresker Armut, von Bettlern oder Kindern
- auf dem Bazar handeln; Pakistaner verstehen nicht, warum Westler, die ein zigfaches Einkommen beziehen und für die die Bazarpreise ohnehin schon lächerlich niedrig sind, diese dann auch noch runterhandeln wollen.

Es gibt natürlich auch die Strategie, sich äußerlich dem Gastland möglichst anzupassen, um nicht überall als westlicher Tourist aufzufallen. Doch auch hier lauern Fallstricke: Blonde, blauäugige Frauen stechen beispielsweise in Abaya oder mit Niqab erst recht hervor und sorgen bisweilen für einen neugierigen Menschenauflauf. Zudem wechselt die Landestracht von Region zu Region. Fährt man mit der falschen Kopfbedeckung durch verfeindete Stammesgebiete, kann schon mal scharf geschossen werden, so dass man eigentlich einen ganzen Vorrat an Tüchern, Turbanen und Hüten dabeihaben müsste, wenn man Pakistan durchqueren möchte. Und schließlich: Wer sich zu perfekt anpassen will und dann doch anhand von kleinen Dresscode-Verletzungen auffällt, kann unter Umständen als CIA-Spion verdächtigt werden. Männer sollten der Versuchung widerstehen, offen Waffen zu tragen, wie es viele Angehörige traditionsbewusster Stämme tun. Tradition hin oder her: Finger weg von Handfeuerwaffen, auch wenn sie zu Spottpreisen auf dem Bazar angeboten werden – denn wenn Sie, mit einer Knarre bestückt, in Schwierigkeiten mit Behörden geraten, werden Sie bei einer Festnahme laut Genfer Konvention als ausländischer Söldner eingestuft und entsprechend behandelt. Wenn Sie die Gelegenheit haben, Pakistaner privat zu bewirten, bedenken Sie, dass bei einer Einladung zum Dinner erwartet wird, ein warmes Essen serviert zu bekommen (Schnittchen zählen nicht). Ebenso gehört zum guten Ton, die Gäste mehrmals dazu aufzufordern, nachzunehmen. Es gab schon Fälle, in denen die Gäste verstimmt aufbrachen, nachdem sie ihre Teller leer gegessen hatten, und anschließend von einem peinlichen Abend sprachen. Die westlichen Gastgeber hatten versäumt, mehrfach und nachdrücklich (d. h. bis an die Grenze zur Nötigung) zum Nachschlag aufzufordern. Als ebenso peinlich würden pakistanische Gäste die Idee finden, mit »unpassenden« Gästen an einer Tafel sitzen zu müssen. Man erwartet, unter seinesgleichen, sprich »Ranggleichen« zu speisen, und nicht etwa zusammen mit dem Fahrer, der Putzfrau oder irgendwelchen Studentenbekanntschaften der Tochter. Der egalitäre Gestus mancher Westler wird hier als würdelos empfunden. Wenn Sie zu Gast sind, sollten Sie im Übrigen die Einrichtungsgegenstände des Hauses nicht zu sehr loben – es könnte sein, dass der Hausherr sich genötigt fühlt, sie Ihnen zu schenken. Als reicher Wessi im Hotel, Taxi oder Restaurant – da fühlt man sich schon herausgefordert, satte Trinkgelder zu spendieren. Doch: »Trinkgeld zu geben ist in den USA eine Art Sport, aber in vielen Teilen der Welt ist es eine Kunst«, erklärt Rosie Garthwaite, britische *Al-Jazeera*-Reporterin in ihrem *Handbuch für die gefährlichsten Orte der Welt*, denn mancherorts gilt das Trinkgeldgeben als ungehörige Protzerei, gar als Beleidigung. Noch haariger ist das Thema Polizisten- und Beamtenbestechung. Obwohl Pakistan zu den korruptesten Staaten der Welt gehört, kann man sich hier auf tausend und eine Art blamieren, indem man sein Geld dem Falschen anbietet, eine zu kleine oder zu große Summe in Aussicht stellt, oder bei der falschen Gelegenheit (am besten noch in Gegenwart von Zeugen!) damit ankommt. Der Fehler beginnt schon, die Scheine dem Adressaten direkt übergeben zu wollen, statt einheimische, diskrete Mittler damit zu beauftragen. Ist die Summe zu gering, kann es passieren, dass entrüstete Reaktionen kommen und Haft wegen versuchter Beamtenbestechung angedroht wird – damit steigt der Tarif erheblich. Und wenn man schon Geld persönlich übergibt, dann sollte man die Scheine in winzige Rechtecke zusammenfalten oder zu Kügelchen zerknüllen, die dann unsichtbar beim Händedruck »kleben bleiben«. Outdoorfreaks und Trekking-Spezialisten sollten Reisewarnungen von Behörden und einheimischen Pakistanern unbedingt ernst nehmen! Nichts ist peinlicher, als bei einem Ausflug in die Berge entführt zu werden und dann im Taliban-Videoclip aufzutauchen: Im besten Fall verheult, unrasiert und mit vollen Hosen, im schlimmsten Fall als Hauptdarsteller einer Live-Cam-Hinrichtung durch den Krummsäbel. Und selbst nach der glücklichen Rückkehr werden sich viele in der Heimat erinnern, dass Ihre Befreiung wieder mal ein teurer Spaß für den Steuerzahler gewesen ist und Sie entsprechend scheel ansehen. Wer es dennoch nicht lassen kann, durch Banditengebiet zu reisen, sollte Rosie Garthwaites Ratschlag beherzigen: »Versuchen Sie so auszusehen und sich so zu verhalten, als seien Sie nicht viel wert!«

Über den afghanischen Kyberpass, Turkmenistan und Kasachstan gelangen wir nach **Russland**. Ist man bei Russen eingeladen, wäre es ein Blamage-GAU, einfach mit Straßenschuhen in die Wohnung hineinzulatschen: »Für Russen ist es unmöglich, das eigene Haus mit Schuhen zu betreten. In Deutschland kommen die Menschen fast bis zum Schlafzimmer mit den Schuhen rein. In Russland ist die Grenze zwischen dem privaten (sauber) und dem öffentlichen (mir egal) Raum fest markiert: Das ist die Eingangstür der eigenen Wohnung. Deshalb werden da viele Rituale vollzogen, um den Übergang zu vollziehen und abzuschließen (Hauskleidung, Fußabtreter)«, so Olga Haensch, Berliner Unternehmensberaterin mit russischen Wurzeln. Aus der Logik heraus, dass der Außenraum stets als schmutzig empfunden wird, gehören russische Kleinkinder ins Haus. Deshalb, fährt

Olga fort, »regen sich viele meiner Bekannten auf, wenn die Babys in Berlin mit Rotznase und altem Keks im Dreck des Sandkastens wühlen. Für Russen ist es unerhört, für die Eltern im Prenzlauer Berg wohl der Charme des Realen.«

Beim geselligen Beisammensein ist in Russland Folgendes zu vermeiden:

- die Themen »Politik« und »Russenmafia« anschneiden (hingegen: fragen, was die Uhr, das Auto, die Handtasche gekostet haben, ist durchaus legitim)
- als Frau im Restaurant selbst zahlen; immer noch finden die Russen dies ziemlich peinlich, das gilt als Aufgabe des Mannes
- beim Wodkatrinken nur memmenhaft nippen. Über das Trinken erzählte Olga: »Als ich mit Stephan (ihrem deutschen Mann) zum ersten Mal bei mir zu Hause war, hat der Ehemann meiner Mutter demonstrativ eine Einliterflasche Wodka auf den Tisch gestellt. Ich war überrascht, weil er selbst nie getrunken hat. Auf meine Frage meinte er aber: ›Er soll sehen, wie die Russen trinken können!‹«
- sich am nächsten Tag übermäßig für Ausfälligkeiten im alkoholisierten Zustand entschuldigen, das ist kein Thema mehr.

Zum Geschäftstermin geht man nie alleine, sondern immer mit (untergeordnetem) Gefolge, damit man selbst »Chef der eigenen Delegation« spielen kann, und schon gar nicht fährt man mit dem Bus oder der U-Bahn (Wer kein Auto hat, gilt als unseriös, als Penner). Während es vielerorts ein Zeichen von Höflichkeit ist, während eines ernsthaften Gesprächs das Mobiltelefon auszuschalten, machen Sie sich in Russland mit diesem Verhalten lächerlich. Wer dort nicht ständig angerufen wird, wird nicht ernst genommen. Wenn Sie dort Eindruck schinden wollen, sollten Sie möglichst viele Telekommunikationsgeräte auf den Tisch legen, sich regelmäßig anrufen oder Nachrichten zusimsen lassen und keinesfalls vergessen, ein akustisches Signal bei E-Mail-Eingang zu aktivieren, damit alle glauben, Sie seien ein absolut gefragter Typ!

Jetzt nur noch rein in den Flieger, ein Katzensprung von Moskau nach Berlin-Schönefeld, und wir sind wieder zu Hause. Bleibt noch die Frage, wie sich Ausländer darauf vorbereiten, Deutschland zu bereisen, ohne in peinliche Situationen zu geraten. Nur eine kleine Kostprobe am Rand: Amerikaner wundern sich, dass die Deutschen selten lächeln und bei sozialen Kontakten einen eher neutralen Gesichtsausdruck einnehmen. Diese Neutralität wirkt auf sie derart abweisend und feindlich, dass sie vom *German death look* sprechen. Amerikanische Reiseführer warnen daher davor, den Deutschen im Alltag allzu freundlich zu begegnen: »Die Deutschen könnten sonst glauben, Sie wollten irgendetwas verkaufen oder seien psychisch labil.« Deutschland-Experte Wladimir Kaminer, der 1990 aus Russland eingewandert war, staunte ebenfalls über die emotionale Zurückhaltung hierzulande: »Wenn sich hier zwei alte Freunde treffen, sagt der eine ›na?‹. Der andere reagiert in der Regel entweder mit einer Kopfbewegung, die auf gewisse Schwierigkeiten in seinem Leben hindeutet, oder ebenfalls mit einem bestimmten ›na‹ – ein Signal, das besagt, dass bei ihm alles in Ordnung ist. Danach klopfen sie einander auf die Schulter und gehen weiter, jeder in seine Richtung.« Die massive Gegenwart historischer Themen wird Deutschlandbesuchern sicherlich auffallen. Auch Kaminer stellte in seinem Berlin-*Reiseführer für faule Touristen* fest: »Die Eingeborenen zeigen sich in der Regel sehr kritisch ihrem Land gegenüber.« Erst nach einer Weile kam er darauf, dass die permanente Selbstkritik und historische Selbstgeißelung eine Art Flirt, ein Fishing for compliments darstellt: »Das Land will gefallen, schämt sich aber, es öffentlich zuzugeben.«

Briten wird vor einem Deutschlandbesuch gerne geraten (besonders nachdrücklich während der Fußball-WM, die 2006 in Deutschland stattfand): »Don't mention the war!« Ein Ratschlag, den ein weitgereister Brite in den Wind schlug, als er Exkanzler Helmut Kohl einmal auf der Hannover-Messe begegnete: Er begrüßte den Oggersheimer respektvoll in deutscher Sprache: »Guten Tag, Herr Reichskanzler!« Es handelte sich um Prinz Philip, Herzog von Edinburgh und treuer Gatte der britischen Queen, der einmal über sich selbst in voller Demut sagte: »Ich bin nichts als eine verdammte Amöbe.« Jahrzehntelang stand der 91-Jährige im Schatten der Königin, musste aber dennoch bei unzähligen Staatsbesuchen seinen Mann stehen, wobei er die steifen Zeremonien durch einen ihm eigenen Humor aufzulockern gedachte. Dabei gelang es ihm, rund um den Globus unvergesslich peinliche Situationen zu erzeugen. Jahrzehntelang haben ihm dies politisch korrekte Zeitgenossen äußerst übelgenommen – inzwischen sieht man die Sache etwas gelassener, und peinlich ist eher der Eifer, mit dem sich die Moralapostel und Feuilleton-Gouvernanten darüber erregten.

Hier eine kleine Auswahl von Bemerkungen, die Philip auf internationaler Bühne machte.

- Fangen wir bei unseren westlichen Nachbarn an, denen Philip beim Staatsbesuch in Den Haag attestierte: »Schaut euch diese Holländer an: haben Gesichter wie Hintern!«
- In Schottland fragte er einen Fahrlehrer, wie der es nur hinbekomme, seine Fahrschüler mehrere Stunden lang nüchtern zu halten, damit sie die Prüfung schafften.
- Beim Staatsakt in Nigeria beschied er dem Präsidenten, der in landesüblicher Tracht erschienen war: »Sie sehen aus, als ob Sie gleich ins Bett gehen wollen!«
- Der Anblick Brasiliens entlockte ihm, an die Gastgeber gerichtet, das große Kompliment: »Ihr Land könnte so schön sein, wenn nur nicht die vielen Brasilianer wären!«
- Auf den karibischen Cayman-Inseln erklärte er den einheimischen Honoratioren: »Sie stammen wohl alle von den Piraten ab!«
- Einem britischen Rucksacktouristen, der zu Fuß Papua-Neuguinea durchquert hatte, gratulierte Philip dazu, dass er »nicht gefressen« worden sei.
- »Na, werfen Sie noch Speere?«, fragte er jovial einen Aborigine beim Besuch in Australien.
- Und in China warnte der Prinz eine Gruppe britischer Gaststudenten: »Wenn ihr noch länger hier bleibt, bekommt ihr auch noch Schlitzaugen!«

Prinz Philip, und wie er die Welt sah. An seinem Beispiel wird wieder einmal deutlich, dass das Empfinden für Peinlichkeit eine höchst bürgerliche Angelegenheit ist. Den Adel kümmert so etwas nicht. Prinz Philip ist inzwischen Kult – nicht nur bei Satirikern. Im südpazifischen Inselstaat Vanuatu gibt es sogar eine spirituelle Prinz-Philip-Bewegung. Dieser Kult verehrt Prinz Philip bereits zu Lebzeiten als eine Gottheit. Der im Süden der Insel Tanna ansässige Volksstamm der Yaohnanen glaubt, dass Prinz Philip in Wirklichkeit der Sohn eines hellhäutigen Berggeistes sei, der Tanna verlassen habe, um jenseits des Meeres eine mächtige Frau zu heiraten.

KAPITEL 7

PANORAMA DER PEINLICHKEITEN IV –
PEINLICHE ROLLENWECHSEL

»So kenne ich Sie aber gar nicht!«

Im Leben spielen wir verschiedene Rollen – und das permanent, jeden Tag. Je nach Situation sind wir Chef, Untergebener, Kollege, Mannschaftsmitglied, Liebhaber, Ehemann, Vater, Sohn; wir sind Führungskraft, Mitarbeiterin, Geliebte, Gattin, Mutter, Tochter, beste Freundin, Konkurrentin und einiges mehr. So betrachtet, fällt es manchmal schwer, in dieser Vielfalt einen stabilen Persönlichkeitskern zu bewahren, bzw. diesen bei anderen zu erkennen! Wir sind Schauspieler, die ihre Rollen vor einem jeweils sorgsam getrennten Publikum spielen. Und manchmal lebt ein und dieselbe Person eine regelrechte Doppelexistenz, was psychisch und physisch äußerst belastend sein kann. Peinlich wird's, wenn das Publikum überraschend ausgetauscht oder neu gemischt wurde. Benimmexperte Moritz Freiherr Knigge berichtete einmal über ein Erlebnis: »In meiner Jugend arbeitete ich im Lager eines Unternehmens, dem der Geschäftsführer regelmäßig Besuche abstattete. Dieser Mensch hielt es für angebracht, sich für die fünf Minuten, die er bei uns zubrachte, in einen Lagerarbeiter zu verwandeln, und den Gang, die Haltung und die Sprache eines Gabelstaplerfahrers zu imitieren. Das Ergebnis war eine Jovialität, von der alle peinlich berührt waren.«[58]

Ein anderes Beispiel: Im Zuge des Sorgerechtsstreits

zwischen Hollywood-Star Alec Baldwin und seiner Ex-Ehe-frau Kim Basinger hinterließ Baldwin eine Pöbel-Tirade auf der Mailbox seiner elfjährigen Tochter: »Du bist ein ungezo-genes gedankenloses kleines Schwein. Du hast keinen Fun-ken Grips oder menschlichen Anstand. Es interessiert mich einen Dreck, ob du zwölf Jahre alt bist oder elf oder dass deine Mutter ein gedankenloses Miststück ist. Du hast mich zum letzten Mal gedemütigt.« Baldwins wütende Beschimp-fungen resultierten offenbar daraus, dass Tochter Ireland, die bei ihrer Mutter Kim Basinger lebt, ein Treffen mit ihrem Va-ter abgesagt hatte. Für Basinger war die Tirade eine Steilvor-lage, um den sonst so coolen Baldwin vor der Öffentlichkeit mal richtig zu blamieren.

Der Lüge überführt werden

Wenn Lügen auffliegen, ist nicht nur die Kompetenz des Lügners infrage gestellt (denn es zeugt ja von minderer In-telligenz, sich beim Lügen erwischen zu lassen), sondern auch seine moralische. Das Vertrauensverhältnis zu anderen wird gestört, sein Charakter in Zweifel gezogen. Eine derar-tige Dummheit unterlief auch mal Campino, Sänger der To-ten Hosen, der zeitweilig zwei Freundinnen in verschiede-nen Städten hatte. Natürlich wussten sie nichts voneinander. Campino schrieb parallel zwei lange, innige Briefe und – ver-tauschte am Ende die Kuverts: »Von da an war ich wieder Single. Die eine ließ überhaupt nichts mehr von sich hören. Von der anderen fand ich bei meiner Heimkehr in der Post das falsche Schreiben fein säuberlich zerrissen mit der Bitte, mich nie wieder bei ihr blicken zu lassen.«[59]

Peinliche Zitate aus der Vergangenheit

Mitunter kann es peinlich sein, mit Zitaten, Meinungen und Aussagen konfrontiert zu werden, die man irgendwann einmal von sich gegeben hat. Menschen machen im Leben die unwahrscheinlichsten Wandlungen durch: Sie fangen als Kommunist an und werden Nazi (und umgekehrt), wandeln sich vom Zuhälter zum frommen Mann, vom Revoluzzer zum *Law-and-Order*-Sheriff, vom Trunkenbold zum Führer der freien Welt. Da kann es schon mal peinliche Widersprüche geben, zumal gerade das Internet nichts vergisst. Nicht jeder ist dann so cool wie die britische Mode-Ikone und Ex-Punkerin Vivienne Westwood, die in der Presse zitiert wurde: »Mit nichts, was ich damals gesagt habe, bin ich heute noch einverstanden. Alles kompletter Unsinn.«

Peinliche Tagebucheintragungen

O-Ton Jonathan Franzen über diese Angewohnheit aus Jugendzeiten: »In der Abgeschiedenheit meines Zimmers ließen sich entsetzliche Peinlichkeiten fabrizieren – einfach, indem ich las, was ich am Tag davor ins Tagebuch geschrieben hatte. Die Seiten spiegelten meine Schwindelei und Aufgeblasenheit und Unreife getreulich wider. Las ich sie, wollte ich mich unbedingt ändern, wollte weniger idiotisch klingen.«[60] Ist der zeitliche Abstand noch größer, kann es noch peinlicher sein, in alten Tagebüchern, Gedichten und Briefen zu lesen, oder noch schlimmer: Wenn alte Tagebücher, »Poesiealben« oder Liebesbriefe in die falschen Hände fallen!

Jugendsünden in der Erwerbsbiografie

Trotz der Standardentschuldigung »Ich war jung und brauchte das Geld« gibt es Jobs, über die man später ungern spricht und die regelrecht peinlich werden, wenn man Karriere gemacht hat. Renée Zellweger etwa kellnerte als Studentin in einem Stripclub im texanischen Austin, behauptete aber stets, sich dort niemals nackt gezeigt zu haben, obwohl man ihr (natürlich!) auch einen Job an der Pole-Dance-Stange angeboten habe.[61] Mara Carfagna, Ministerin für Frauengleichberechtigung im zweiten Berlusconi-Regime, konnte auf eine ruhmreiche Vergangenheit als TV-Showgirl und barbusiges Pin-up zurückblicken, bevor sie Jura studierte und zu Höherem berufen wurde. Und Brad Pitt war sich nicht zu schade, als unterbeschäftigter Nachwuchsschauspieler in L. A. die Eröffnung eines Lokals namens El Pollo Loco zu bewerben: »Ich stand bei 38 Grad im Hühnerkostüm am Sunset-Boulevard und flatterte für die große Eröffnung mit den Flügeln. Die Besitzer waren begeistert.«[62]

Als Erwachsener beim Ladendiebstahl erwischt werden

Ladendiebstahl: Typische Mutprobe oder Jugendsünde im Teenie-Alter, wo man sich in der Clique bewähren möchte. Peinlich, wenn man im Erwachsenenalter einen Rückfall erleidet und auch noch dabei erwischt wird! US-Schauspielerin Winona Ryder weiß davon ein Lied zu singen. Sie verübte im Jahr 2002 just dieses Pennälerdelikt, als sie im Nobelkaufhaus Saks Fifth Avenue in Beverly Hills Kleidung im Wert von über 5000 Dollar mitgehen ließ. Als nicht weniger blamable Ausrede erklärte sie später, sie habe für eine neue Rolle geprobt. Wie dem auch sei: Am Ende gab's drei Jahre Haft auf Bewährung sowie 480 Stunden Sozialarbeit (was Winonas Karriere eine ziemliche Delle versetzte, erst 2010 konnte sie mit ihrer Rolle in Darren Aronofsks *Black Swan* ihr Comeback feiern).

Flennende Chefs

Als Chef oder Vater einen psychischen Zusammenbruch erleiden, weinen, schreien, ausrasten – das wirkt peinlich für alle Beteiligten. Dieser ungewohnte Rollenwechsel untergräbt die Autorität des Chefs, der nunmehr als labil, unberechenbar und damit führungsschwach gilt. Einen scheinbar grundlos weinenden oder tagelang vor sich hin grübelnden Vater zu erleben überfordert vor allem jüngere Kinder, die zudem nicht wissen, wie sie anderen Kindern dieses Erlebnis vermitteln sollen.

Überraschende Gefühlsausbrüche flüchtiger Bekannter

Ein sonst kühler Arbeitskollege, ein flüchtiger Bekannter, ein Vorgesetzter erleidet in unserem Beisein (etwa infolge heftigen Alkoholgenusses) einen psychischen Zusammenbruch, er beginnt zu weinen oder gesteht uns seine Liebe. Peinlich! Jetzt sind wir plötzlich als Psychologe gefragt, müssen einen uns eigentlich fremden Menschen tröstend in den Arm nehmen – und ihn trotzdem auf Abstand halten. Vielleicht sollten Sie den Betroffenen an geeignete Spezialisten verweisen: Insbesondere Barkeeper, Barfrauen, Prostituierte und Polizisten sind mit diesem Problem häufig konfrontiert und haben sich ein dickes Fell bzw. routinierte Beruhigungs- und Tröstungstechniken angeeignet.

Nach unten treten

Unter seinesgleichen auf edel und großzügig machen, Untergebene oder Bittsteller aber respektlos behandeln oder beleidigen. Ein autoritäres Verhalten, wie es in Mafiakreisen oder archaischen Gesellschaften noch üblich sein mag, gilt im zivilen Leben glücklicherweise als unanständig. So berichtet der frühere Polittalker Friedrich Küppersbusch über eine entlarvende Szene, »wie die superaltruistische linke entwicklungspolitische Sprecherin nach der Sendung ihren Fahrer zusammenscheißt, weil das Auto nicht richtig rum steht«. Kurz zuvor war die Politikerin noch als wortgewaltige Anwältin der Arbeiter, der Armen und Entrechteten aufgetreten.[63]

Mit Babystimme telefonieren

»Mausi am Apparat!« Eben noch den großen Checker gespielt, und plötzlich mit Baby-Stimme telefonieren? Peinlich, wenn Geschäftspartner, Kollegen oder Bewunderer danebensitzen und alles live mitkriegen, weil der oder die Telefonierende Mausi oder Knuddelbärchen nicht brüskieren will.

»Mama, du bist peinlich« –
»Kind, blamier uns bloß nicht!«

Wir kommen zum weiten Feld der Erziehung. Die Angst, hier zu versagen oder sich zu blamieren, kommt schon in der gigantischen Zahl an Ratgeberbüchern, Experten und Beratungsstellen zum Ausdruck. Gegenwärtig erleben wir eine merkwürdige Polarisierung: Auf der einen Seite immer mehr Kinder, die unter psychosozialer Verwahrlosung leiden, allein gelassen mit Fast-Food und TV, auf der anderen Seite überbehütete Sprösslinge, die alle erdenklichen Arten an Zuwendung und Frühförderung genießen.

Muttertiere

Peinlich wird's, wenn sich Gespräche (auch mit Kinderlosen) nur noch um das eigene Kind drehen, wenn sich ehemals geistreiche, gut ausgebildete und beruflich erfolgreiche Frauen in mental beschränkte Muttchen verwandeln. Eine gepflegte Unterhaltung ist nun kaum mehr möglich, man kann kaum einen Satz zu Ende sprechen, ohne dass die Mutti besorgt aufspringt oder plötzlich mit leuchtenden Augen von den motorischen Fortschritten oder Verdauungsvorgängen des Kindes spricht.

Slim-Fast-Mamis

Angeberinnen, die drei Monate nach der Entbindung überall herumerzählen, sie hätten schon wieder ihr Vor-Schwangerschafts-Gewicht erreicht. Ebenso schlimm: werdende Mütter, die trotz Schwangerschaft Diät halten (medizinische Indikationen ausgenommen).

Kreißsaalnervensägen

Gemeint sind werdende Papis, die glauben, unbedingt bei der Geburt dabei sein zu müssen und im Kreißsaal alles (aber auch alles) besser wissen und …
- streberhaft die »ideale« Atemtechnik vormachen
- mit der Kamera alles abfilmen
- dauernd im Weg herumstehen
- in Panik geraten
- erst eine große Klappe haben und dann ohnmächtig werden.

Besserwisserpapis

D. h. 150-prozentige Väter, die sich in der Elternzeit zu rechthaberischen Babybrei- und Windelsortenexperten entwickeln. Unterformen dieser Spezies: Wickeltuchpapis und übermotivierte Geburtsvorbereitungskurs-Teilnehmer.

Überbesorgte Eltern

Ebenso anfällig für peinliches Verhalten, etwa wenn sie …
- bei beginnender Schwangerschaft sofort in die Vorstadt ziehen und einen VW Touareg oder Renault Espace kaufen
- Autoaufkleber »Baby an Bord«, »Magnus-Linus und Lara-Klara auf Tour« usw.

- das Kind nur mit Sturzhelm auf den Spielplatz lassen
- bei dreimaligem Hüsteln sofort zum Kinderarzt rennen und bei 38 Grad Fieber mit dem quengelnden Kind nachts um zwei die Notfallambulanz der Uni-Klinik aufsuchen.

Alte Eltern

Mit Mitte vierzig erstmals schwanger, mit Ende fünfzig noch Vater werden: Das führt schon mal zu einem misslungenen Kompliment auf dem Spielplatz: »Na, Kleener, du hast aber 'ne flotte Omi!« Oder zur freundlich gemeinten Frage an das Kind: »Holt dich heute wieder der Opa ab?« – »Nee – das ist doch mein Papi!« Je älter die Kinder dann werden, desto peinlicher und erklärungsbedürftiger sind ihnen die alten Eltern. Ein Tipp: Rechtzeitig eine Lösung anbahnen, indem man ab einem bestimmten Zeitpunkt einfach behauptet, man sei wirklich die Oma oder der Opa!

Ökoeltern

Selbst angerührter Biobrei, schön und gut. Aber richtig peinlich sind …
- Eltern, die ihre Kinder im Berufsverkehr im Fahrradanhänger durch die Stadt kutschieren (die Kleinen sitzen schön auf Auspuffhöhe, lecker)
- Geburtshausfanatiker
- Bionahrungsmittelfetischisten
- Weltuntergangsangstmachereltern
- Umweltvergiftungsparanoiker
- verbohrte Impfgegner.

Überambitionierte Eltern

- Angeber, die anderen ständig von ihrem »hochbegabten« Nachwuchs vorschwärmen
- Tigermütter, die den Tag ihres Vierjährigen mit Business-chinesisch, Klavierunterricht und Tennis verplanen
- Eltern, die ihre Kinder auf politische Demonstrationen mit-schleppen und sie mit Geschichten über Krieg, Atomkata-strophen oder Holocaust terrorisieren.

Belehrende Eltern

Gemeint sind Eltern, die ihre Kinder mit unverständlichen, pedantischen und altersinadäquaten Welterklärungen voll-sülzen, weil sie sich nicht in das Denken ihres Kindes hinein-versetzen können. (Obwohl Kinder dauernd irgendetwas fra-gen, brauchen sie keineswegs die ultimative finale Wahrheit als Antwort, sondern erst mal eine vorläufige Erklärung, die sie in ihr jeweiliges Weltbild einfügen können: Hilfsfiguren wie Zauberer und gute Feen sind dabei phasenweise durch-aus legitim.)

Lächerliche Kindernamen

Peinlich sind Eltern, die ihren Kindern proletenmäßige, lä-cherliche, gestelzte oder exotische Namen geben. Einige Kostproben:

- »Brooklyn« (David Beckham, ungefähr so, als ob man sei-nen Sohn »Duisburg« oder »Neukölln« nennen würde)
- »Zowie« (David Bowie)

- »Fifi Trixibell« (Bob Geldof)
- »Prince Michael II.« (Michael Jackson)
- »Zuma Nesta Rock« (Gwen Stefani).

Alles Eltern, die nicht daran denken, welche Spitznamen daraus entstehen, wenn die Kinder größer geworden sind.

Eltern, die sich anbiedern

Eltern, die die Rollen von Erwachsenen und Kindern tauschen und Grenzen verwischen lassen, sind ihren Kindern sehr oft peinlich. Besonders in der Pubertät. Darunter …

- Eltern, die sich von ihren leiblichen, minderjährigen Kindern mit Vornamen ansprechen lassen (so als ob sie mit ihren Kindern in einer WG lebten)
- Eltern, die bei Feten hereinplatzen und die Tanzfläche entern
- Mütter, die sich als beste Freundin ihrer Tochter aufführen (bis hin zu gemeinsamen Club-Besuchen)
- Freundschaftsanfragen der eigenen Eltern bei Facebook, SchülerVZ oder anderen Netzwerken.

Schamlose Eltern

- Eltern, die den Kindergeburtstag bei McDonald's feiern (erlaubte Ausnahme: Mutti ist sowieso schon da, weil sie dort arbeitet)
- Eltern, die in Clubs nach ihren Kindern suchen und aus der Clique herauszerren
- Mütter, die volltrunken von ihren Kindern beobachtet werden (betrunkene Väter sind nicht ganz so peinlich).

Die Rocksängerin Nina Hagen etwa musste als Kind mit ansehen, »wie die durch Alkohol befeuerte, sturzbetrunkene Mama während einer ihrer Geburtstagspartys ihren Busen auspackte und vor der johlenden Meute auf den Tisch legte«. Ihre Mutter war Schauspielerin und galt als Brigitte Bardot der DDR. Nina schloss daraus: »Wer so eine oberheiße, durchgeknallte Mutter hat, kann nicht ganz normal sein.« Und so wurde Nina ebenso oberheiß und durchgeknallt wie Eva-Maria.[64]

- Eltern, die von den Kindern beim Sex beobachtet werden (schlimmer noch: beim Seitensprung). Siehe Jude Law: Als sein Söhnchen Rafferty eines Nachts, aus unruhigen Träumen erwacht, zum Papa ins Bett kroch, fand er zu seinem Erstaunen dort bereits die Nanny vor. Am nächsten Morgen fragte er sie arglos: »Daisy, warum warst du in Daddys Bett?« Kurze Zeit später wusste die ganze Welt von der Affäre.[65]

Peinliche Kinder

- übermäßig dicke Kinder (fällt auf die Eltern zurück)
- Dreijährige, die noch gestillt werden (fällt auf die Mütter zurück)
- Vierjährige, die noch im Buggy durch die Gegend gefahren werden (fällt auf die Mütter zurück)
- Fünfjährige, die immer noch nicht in den Kindergarten gehen (fällt auf die Mütter zurück)
- Sechsjährige, die unaufgefordert über erneuerbare Energien referieren und die Welt vor dem *Global Warming* retten wollen (fällt auf die Eltern zurück)

- Dreißigjährige, die immer noch bei ihren Eltern wohnen (fällt auf die Eltern zurück)
- Vierzigjährige, die wieder bei ihren Eltern wohnen (fällt auf die Kinder zurück).

KAPITEL 8

PEINLICH PROMINENT

Polit-Skandale & Promi-Blamagen

Der Skandal um die Blamagen von Prominenten, den wir heute häufig erleben, ist eigentlich nichts Neues. Darin zeigt sich, so der Hamburger Medienwissenschaftler Steffen Burkhardt, ein historisch gewachsenes Konzept zur öffentlichen Aushandlung von Moral, das ausgehend von den *chroniques scandaleuses* des revolutionären Frankreich seinen Siegeszug in die Moderne antrat.[66] Bereits im 18. Jahrhundert gab es Zeitungen mit delikaten Klatschgeschichten, und die Blamagen der Prominenten wurden ab 1789 zum festen Bestandteil der Medienberichterstattung. Im Skandal potenziert sich die Peinlichkeit. Im Skandal versammelt sich eine Menschenmenge zur Gesinnungsgemeinschaft, wird zur Partei, stellt Forderungen auf und verlangt die Beseitigung eines Missstandes. Die Beteiligten, die Kontrahenten stehen dabei für unterschiedliche Moralvorstellungen, die um die gesellschaftliche Hegemonie streiten. Komplexe Vorgänge und Strukturen werden mithilfe der Medien so vereinfacht und personalisiert: Es gibt Helden und Antihelden, Prominente aller Art schalten sich ein und kommentieren das Ganze, heizen die Geschichte an oder springen den Belasteten bei. Am Ende steht meistens die öffentliche Entschuldigung und Resozialisierung des Übeltäters, der seine Verfehlungen eingesehen hat.

Ein guter Skandal ist für den Entdecker bzw. für das aufdeckende Medium ein hochprofitables Ereignis, mit dem man einerseits politische und moralische Integrität beweisen und andererseits finanzielle Gewinne machen kann – durch die Ausschaltung von Konkurrenten, die Auflagensteigerung oder hohe Einschaltquoten. Peinliches zu finden, das als Material für Skandale dienen kann, ist allerdings eine Kunst. Also wird von interessierter Seite alles Mögliche für peinlich erklärt und zur Anstoßnahme empfohlen, doch die meisten Versuche, das Publikum zu erregen, scheitern. Der Philosoph Peter Sloterdijk schätzt, dass in jeder modernen Nation täglich 20 bis 30 Erregungsvorschläge lanciert würden. Wenn der Anlass zu unbedeutend oder nicht entscheidende Multiplikatoren erreicht wurden, bleibt der Skandal jedoch aus (und das ständige Angebot von Skandalen führt natürlich auch zu einer gewissen Abstumpfung). Hat sich der Skandal aber erst einmal entwickelt, ist er hochgradig ansteckend. Eine peinliche Affäre infiziert alles, was in ihren Umkreis gelangt, harmlose Verbindungen und Bekanntschaften der skandalisierten Personen werden plötzlich verdächtig, der Skandalgeruch haftet jetzt auch ihnen rasch an.

Andererseits haben große Skandale manchmal erstaunlich geringfügige Folgen. Diese Aufmerksamkeits- oder Beachtungsexzesse sind zum großen Teil Selbstzweck und verpuffen deshalb häufig wirkungslos (»Ein unerhörter Wirbelsturm treibt einen Unterstaatssekretär in den vorzeitigen Ruhestand!«). Der peinliche Skandal gleicht einem Ritual, in dem viele symbolische Gesten vollzogen werden, und die meisten Beteiligten wissen, dass er eigentlich nur ein Gemisch von Fiktionen, Gerüchten und Verdächtigungen ist und von Emotionen und übersteigerten Vorstellungen befeuert wird. Der Skandal ist ein Spiel mit ungewissem Ausgang. Wer von ihm letztlich am meisten profitiert, wen er schädigt und wen er bestätigt, ist zu Beginn völlig ungewiss. Andererseits zeigen Skandale auch, welche Macht diejenigen, die von peinlichen Enthüllungen betroffen sind, haben. Verlieren sie ihre Reputation, ihre gesellschaftlichen oder politischen Positionen oder können sie die Blamagen überstehen Wird ihr Fehlverhalten sogar zum neuen Vorbild? Haben sie als Trendsetter die Macht, Verhaltensweisen, die bislang als peinlich galten, als erstrebenswert erscheinen zu lassen? Können sie ein neues Image als »sympathische Sünder«, als »Rebellen gegen den Konformitätsdruck« generieren? Die Peinlichkeitsgrenzen zu verschieben, zu definieren, was wirklich blamabel ist, und dies gegen seine Gegner ins Feld zu führen, ist ein wichtiges Instrument im politischen Wettbewerb. Peinlichkeit dient hier als Waffe, als Drohung, den Kontrahenten von seinen Wählern und Unterstützern sozial zu isolieren, dafür liefert die Geschichte und die Gegenwart unendlich viele Beispiele.

In autoritären Systemen gibt es keine Skandale, höchstens diejenigen, die von den Regimes bewusst inszeniert werden, um politische Gegner zu stigmatisieren oder einzelne politische Rivalitäten unter den führenden Gruppen und Personen auszufechten, wie bei den berüchtigten Schauprozessen der Nazi-Zeit oder des Stalinismus. Der Skandal ist letztlich eine Errungenschaft der freien, pluralistischen Gesellschaft mit Gewaltenteilung und unabhängigen Medien. Im Aufdecken von Blamagen der Mächtigen und Berühmten werden die herrschenden Normen und Tabus sichtbar gemacht. Auf

diese Weise reagiert eine freie Gesellschaft auf die Fehlent-
wicklung von Organisationen oder prominenten Personen.
Gesetze, Organisationsstrukturen oder Machtverhältnisse,
politische Mehrheiten und Meinungsführerschaften können damit infrage gestellt werden und einem Prozess der An-
passung unterzogen werden. Selbst Reformen und Revolten
können durch sie ausgelöst werden, und die Teilhabe neuer
Gruppen und Personen an Macht und Repräsentation wird
auf diese Weise initiiert. Insofern sind peinliche Skandale
notwendige Selbstreinigungskräfte der Gesellschaft. Und paradoxerweise ist der politische Skandal in den westlichen De-
mokratien letztlich auch ein wichtiges Instrument, um das
Vertrauen in die Politik immer wieder zu erneuern.

Die Paparazzi – Parasiten der Peinlichkeit

Die Rede muss in diesem Kapitel natürlich auf die Spürhunde
des Skandals kommen: die Paparazzi und die Petzen. Generell gibt es ja stets Menschen, die gierig danach sind, bei anderen Blamables und Intimes zu entdecken und eifrig weiter-
zuverbreiten. Dabei handelt es sich in der Regel um Neider,
Nebenbuhler, Mobber und Konkurrenten, wie sie in jeder
sozialen Schicht, in jedem Bekanntenkreis, Familie oder Unternehmen existieren. Manchen scheint es ein geradezu lust-
volles Vergnügen zu bereiten, bei anderen Peinliches auszu-
machen und diese Peinlichkeit zu verstärken, indem sie mit
dem Finger darauf zeigen. Und dies gilt im besonderen Maße
für Prominente. Denn diese haben letztlich ihr Recht auf Pri-
vatleben gegen den Ruhm eingetauscht, was auch Konstan-

tin Wecker in seiner Autobiografie *Die Kunst des Scheiterns* bestätigt: »Als Promi sind Sie verloren. Sie leben in Angst und Schrecken, dass ihre kleinen Schweinereien, die sich alle anderen auch leisten, schon tags darauf an den Pranger gestellt werden.« Einmal bekam Wecker Fotos zugeschickt, die ihn im erbärmlichen Zustand auf dem Münchner Oktoberfest zeigten. Der Fotograf schrieb dazu, er hätte die Bilder auch der Presse verkaufen können, aber er verzichte darauf, weil er Weckers Lieder mochte. Doch die Drohung liegt ständig in der Luft, und irgendwann, so Wecker, »leben Sie nicht mehr, wie Sie wollen, sondern wie Sie glauben, wie es die Öffentlichkeit will, oder die Presse. Prominent sein ist ein Gefängnis, das man dauernd mit sich herumschleppt. Und in den meisten Fällen ist das Urteil lebenslänglich.«

Die folgende Episode aus der deutschen Geschichte zeigt, welch fatale Langzeitwirkung ein Promi-Schnappschuss haben kann. Im Fokus der Kamera war seinerzeit Friedrich Ebert, das erste republikanische Staatsoberhaupt Deutschlands. Eberts Amtszeit wurde von ständigen persönlichen Beleidigungen und hämischen Polemiken monarchistischer und rechtsgerichteter Medien begleitet. Ihnen war der kleingewachsene Sozialdemokrat, ein ehemaliger Handwerksmeister aus dem Badischen, nicht würdig genug, das Deutsche Reich zu repräsentieren. In diesem Umfeld entwickelte ein harmloses Foto eines eher wohlmeinenden Paparazzo eine fatale Wirkung. Am 16. Juli 1919 hatten sich Ebert und Reichswehrminister Noske beim Baden in der Ostsee fotografieren lassen, um sich volksnah und von einer freundlich-menschlichen Seite zu zeigen. Dabei trugen sie jedoch recht unvorteilhaft sitzende Badehosen statt der bis dahin (auch für Männer) üblichen Badeanzüge. Das Bild des Fotografen Wilhelm Steffen wurde am 9. August 1919 erstmals in einer Tageszeitung veröffentlicht. Aufsehen erregte aber erst die Zweitverwertung, als am 21. August 1919, dem Tag, an dem Ebert als Reichspräsident auf die neue Verfassung vereidigt wurde, die auflagenstarke *Berliner Illustrierte Zeitung* mit dem Badehosenbild aufmachte. Nun war Ebert volksnäher, als es ihm lieb sein konnte, und seine politischen Feinde schlachteten die Bademoden-Blamage nach Kräften aus. Ebert ließ in der Parteizeitung *Vorwärts* verbreiten, das Foto sei »unberechtigterweise« veröffentlicht worden. Doch es war zu spät, das Bild war längst in der Welt. In der Folgezeit wurde es immer wieder nachgedruckt und karikiert. Das Witzblatt *Kladderadatsch* veröffentlichte etwa folgende Parodie auf die kaiserliche Hymne »Heil dir im Siegerkranz«: »Heil dir am Badestrand / Herrscher im Vaterland / Heil, Ebert, dir! / Du hast die Badebüx, / sonst hast du weiter nix / als deines Leibes Zier. / Heil, Ebert, dir!« Die *Deutsche Tageszeitung* brachte eine Postkarte heraus, die das Badehosen-Foto mit Bildern von Kaiser Wilhelm II. und Hindenburg in Prunkuniformen kontrastierte; die Überschrift lautete »Einst und Jetzt«. Damit wurde das Bild endgültig zur Propagandawaffe gegen die neue Republik. Ebert stellte zwar Strafantrag gegen die presserechtlich Verantwortlichen der Postkarte – es war der erste von etwa 200 Beleidigungs- und Verleumdungsprozessen, die er während seiner Amtszeit führen musste, erreichte aber nur Teilerfolge: Die Badehosen-Anspielungen gingen immer weiter. Über die vielen Prozesse vernachlässigte Ebert seine Gesundheit, schließlich kostete ihn eine verschleppte Blinddarmentzündung einige Jahre später das Leben. Das spaßige Badefoto war der Anfang seines Endes gewesen.

Seit den Zeiten der Weimarer Republik hat sich weltweit eine hochdotierte Branche entwickelt, die vom Bedürfnis lebt, Stars und Prominente in Bade- oder Unterhose zu erwischen. Bei gesellschaftlichen Anlässen, aber auch vor Privatanwesen von Stars und Politikern, lauern die Fotografen nun »wie in einem Rudel Löwen vor einem großen Gitter, und hinter dem Gitter liegt viel Fleisch, und alle warten darauf, bis irgendwann dieses Gitter aufgeht«, so beschrieb es einmal der Berliner Pressefotograf Honza Klein.[67] Und je prominenter eine Person ist, desto größer ist der Drang, Spione und Paparazzi auf sie anzusetzen. Besonders drastisch ist dies bei den Windsors: Obwohl die britische Monarchie kaum mehr reale Macht besitzt, gilt ihr doch eine enorme Aufmerksamkeit. Jeder Fehltritt, jede Affäre wird sofort tausendfach abgebildet und weiterverbreitet – jeder Partyscherz, jeder Kuss ist im Visier der Fotografen. Als sich Prinz Harry vor einigen Jahren bei einer Mottoparty zum Thema »Kolonialismus« den Scherz erlaubte, als »Wüstenfuchs« Erwin Rommel aufzukreuzen, titelte die *Sun* am nächsten Tag in Großbuchstaben: »Harry the Nazi« – darunter ein Foto des Prinzen mit Bierglas und Hakenkreuz-Armbinde. Die Windsors waren (mal wieder) gründlich blamiert. Die Queen hingegen hatte zeitlebens bei ihren Auftritten das Ziel, jede Art von Angriffsfläche, jeden Anlass für Blamagen zu vermeiden: »Man muss immerzu lächeln«, hat sie einmal gesagt, sonst glauben die Leute sofort, sie sei wegen irgendetwas verstimmt. Sie muss sich immer interessiert geben, egal, wo sie ist, und beim Small Talk bleibt ihr folglich nur der *smallest talk*, bei dem alle Themen vermieden werden, die in irgendeiner Weise Fettnäpfchen bereithalten könnten. Andere Mitglieder der königlichen Familie wie Prinz Philip oder Prinz Harry spielen regelrechte Kontrastrollen dazu, auch das erwartet die Öffentlichkeit.

Für Schauspieler ist das Spiel mit peinlichen Enthüllungen einerseits nützlich, andererseits gefährlich. Als etwa Sibel Kekilli 2004 mit dem Film *Gegen die Wand* berühmt wurde, druckte die *Bild*-Zeitung Filmstills von Pornos, in denen Kekilli vor Jahren mitgewirkt hatte – Jugendsünden der aufstrebenden Schauspielerin. Manche Medien leben geradezu von peinlichen Enthüllungen, sie machen Menschen zu Stars und können sie ebenso knallhart an den Pranger stellen. Matthias Döpfner, Vorstandsvorsitzender der Axel Springer AG sagte einmal: »Wer mit der *Bild* im Aufzug nach oben fährt, fährt auch mit ihr im Aufzug wieder nach unten. Die Entscheidung muss jeder selbst für sich treffen.« In den letzten Jahren und Jahrzehnten gab es eine Fülle von Prominenten, die durch hochpeinliche Verwicklungen von sich reden machten. Greifbar wurden und werden diese Skandale aber erst durch Bildmaterial, das der Öffentlichkeit zur Verfügung gestellt wird. Es sind Fotos und Filme, die dann um die Welt gehen – manchmal aus dem privaten Kreis zufällig an die Presse gelangt, oft absichtsvoll von interessierter Seite in Auftrag gegeben oder gekauft. Unvergessliche Bilder, die heute fast Kultstatus besitzen, wurden auf diese Weise publik: etwa die Polizeifotos des biederen Strahlemanns Hugh Grant, der 1995 in Los Angeles mit einer Prostituierten erwischt worden war (er hatte die 23-jährige »Divine« Brown in seinen BMW »eingeladen«), der besoffene David Hasselhoff, der auf dem Boden liegend auf äußerst unappetitliche Art und Weise einen Burger verputzte und dabei von der eigenen Tochter gefilmt wurde, oder von Whitney Houston, der einstmals umjubelten Soul-Diva: Im Frühjahr 2010 tauchte sie völlig derangiert am Flughafen von Washington, D. C., auf, ungeschminkt, mit wirrem Haar, desorientiert und fahrig. Auch während der anschließenden Tourneen war sie körperlich und stimmlich absolut daneben. Das waren Bilder und Storys, mit denen sich viel Geld verdienen ließ – »Divine« Brown kassierte damals von *News of the World* satte 160 000 Dollar für ein Exklusivinterview. Vergleichsweise harmlos wirkten dagegen die Fotos, die John Travolta 2011 beim Hawaiiurlaub in der Hängematte zeigten – oben ohne, sprich: ohne Toupet; oder die Bilder von Supermodel Gisele Bündchen, wie sie auf dem kalifornischen Pacific Coast Highway von Verkehrspolizisten angehalten wurde. Die Paparazzi knipsten gnadenlos, wie die Schönheit die Ordnungshüter vergeblich mit ihren Rehaugen anschmachtete, Gisele kassierte trotzdem ein »speeding ticket«. Außerordentlich beliebt sind bei der Klatschpresse oder den entsprechenden Online-Plattformen alle Geschichten und Bilder, die die Schönheit der Stars demaskieren und letztere somit als Menschen wie du und ich erscheinen lassen. Geschmackliche Entgleisungen im Outfit, missglückte Frisuren, unreine Haut, vor allem aber Gewichtsprobleme werden ausführlich und genüsslich illustriert oder diskutiert: Ob Mariah Careys oder Christina Aguileras Extrapfunde, ob Russell Crowes energische Ankündigung, jetzt aber *wirklich* abzuspecken –

solche Storys holen die Stars vom Podest herunter und bedienen zudem die Lust an der Schadenfreude. Das wirkt einerseits als Regulativ gegen den vom Starkult geförderten Diät-Terror, dem auch die Promis selbst nicht entfliehen können. Andererseits, so der renommierte britische Mediziner Michael J. McMahon, wären aber auch »fette Stars eine Gefahr« – ein ebenso negatives, gesundheitsschädliches Vorbild.[68] Denn irgendwann könnten die Leute denken, es sei völlig normal und völlig in Ordnung, so auszusehen wie Beth Ditto oder Cindy aus Marzahn.

Britney, Charlie, DSK – Peinlichkeit als PR-Instrument

Darryn Lyons, der eine der größten Paparazzi-Agenturen der Welt besitzt, ist unter anderem damit reich geworden, dass er Stars in möglichst peinlichen Situationen verewigte. Er ist aber auch überzeugt, dass die Prominenten ebenso von den Paparazzi profitieren. Letztere, so Lyons, »arbeiten nicht gegen die Prominenten«, es sei vielmehr eine Symbiose. Und Mitleid sei schon gar nicht angebracht: »Hat sich ein Star für das Spiel mit den Medien entschieden, muss er es permanent spielen.« Die scheinbar investigativ entdeckten und höchst sensationellen Peinlichkeiten der Promis sind in Wahrheit oftmals wohl kalkuliert und inszeniert, wie Lyons aus Erfahrung weiß: »Mal zeigen sie sich den Fotografen mit Ehering, mal ohne. Dann sieht man plötzlich, dass sie sich die Haut am Arm aufgeritzt haben – und hört von irgendwelchen Beziehungskrisen, Affären, Zusammenbrüchen. Denken Sie nur an Britney Spears: Sie hätte mit ihrem Album *Blackout* ganz gewiss nicht die US-Charts gestürmt, wäre sie nicht so ein Wrack gewesen. Zeitweise war es absolut angesagt, ein Wrack zu werden oder sich als ein solches zu präsentieren.«[69] Peinlichkeit als PR-Instrument.

Allerdings hatte man bei Britney Spears durchaus den Eindruck, dass die Blamage hier zwischenzeitlich außer Kontrolle geriet. Was man anfänglich als lächerlichen Ausrutscher amüsiert zur Kenntnis nahm, entwickelte sich im Jahr 2007 schrittweise zu einer bedrohlichen Lebenskrise. Britney hatte zunächst für Schlagzeilen gesorgt, als sie sich ihren Kopf kahl rasieren und am Nacken und rechten Unterarm tätowieren ließ. Im Februar jenen Jahres musste sich Frau Spears dann kurzzeitig in das auf Suchtkranke spezialisierte Reha-Zentrum »Promises« in Malibu begeben. Im Oktober 2007 verlor sie das alleinige Sorgerecht für die gemeinsamen Kinder an Ex-Ehemann Kevin Federline (»Fed-Ex«), und wenige Wochen später wurde die Sängerin ins Cedars-Sinai Medical Center L. A. eingeliefert. Sie hatte sich zuvor mit ihren Kindern in ihrer Villa verbarrikadiert und war dort regelrecht belagert worden: Helikopter, Polizeiwagen, Feuerwehr- und Krankenwagen waren vor Ort. Das Besuchsrecht für die Kinder wurde Britney umgehend entzogen, und einige Tage später kam die Zwangseinweisung in das UCLA Medical Center, da sie eine »Gefahr für sich und andere« darstelle. Das war schon nicht mehr peinlich, sondern einfach nur noch tragisch.

Während sich Britney inzwischen wieder erholt hat und 2011 wieder auf Tour ging (allerdings in nur mäßig gefüllten Konzerthallen), starb die Soulsängerin Amy Winehouse am 23. Juli des gleichen Jahres infolge ihres extremen Lebenswandels (zum Todeszeitpunkt hatte sie einen Promillewert von 4,16). Waren ihre Drogen- und Alkoholexzesse anfänglich noch als authentischer Rock 'n' Roll-Lebensstil akzeptiert, dann belächelt worden, machte sich schließlich Mitleid breit, weil sie immer häufiger Auftritte im zugedröhnten Zustand abbrechen musste. Es folgte das tragische Finale.

Ob Rehabilitierung oder tödlichen Absturz: Welchen Weg Charlie Sheen am Ende wählen wird, ist hingegen noch unklar. Sheen hatte jahrelang in der CBS-Sitcom *Two and a Half Men* gespielt, er galt als der bestbezahlte Serienschauspieler der Welt, bis man ihn im März 2011 feuerte. Entziehungskuren und Eskapaden mit Callgirls hatten seine Karriere schon lange begleitet, dazu eine unendliche Reihe von peinlichen, manchmal auch bedrohlichen Ereignissen: Er war zunächst mit der Schauspielerin Kelly Preston verlobt gewesen, die ihn aber verständlicherweise verließ, nachdem er ihr 1990 in den Arm geschossen hatte. Anschließend lebte er mit der Pornodarstellerin Ginger Lynn zusammen, 1995 heiratete er das Model Donna Peele und ließ sich kurz danach wieder scheiden. Im folgenden Jahr prügelte er seine Freundin, die Pornodarstellerin Brittanny Ashland, bewusstlos und wurde zu einer Bewährungsstrafe und Sozialarbeit verurteilt. 2002 heiratete er die Schauspielerin Denise Richards, die sich 2006 wegen seines Drogenmissbrauchs und seiner Gewaltandrohungen wieder von ihm scheiden ließ. 2006 äußerte Charlie Sheen in einer Radiosendung Zweifel an der offiziellen Version der Ereignisse von 9/11, was ihn in die Nähe von durchgedrehten Verschwörungstheoretikern rückte. 2008 heiratete er die Immobilienmaklerin Brooke Mueller, die Weihnachten 2009 der Polizei meldete, dass Sheen sie mit einem Messer bedroht habe. Sheen wurde im Nobelwintersportort Aspen verhaftet, und wieder folgte die Scheidung. Im März 2011 lud Sheen ein Fernsehteam in seine Villa ein, die er zu diesem Zeitpunkt zusammen mit der Pornodarstellerin Bree Olson und dem Model Natalie Kenly bewohnte. Sheen prahlte vor laufender Kamera mit seinem hohen Drogenkonsum. Dass er überhaupt noch lebe, liege an seinem »Tigerblut«. Auf die Frage, ob er gegenwärtig unter Drogeneinfluss stehe, antwortete Sheen: »Ja, ich bin auf einer Droge. Und diese Droge heißt Charlie Sheen.«

Inzwischen hat sich nach dem britischen Vorbild *I'm a Celebrity, Get Me Out of Here!* des Senders ITV 1 auf internationaler Ebene ein eigenes TV-Genre herausgebildet, in dem Prominente systematisch in peinliche Situationen gebracht werden, und dort die Gelegenheit bekommen, sich zu bewähren bzw. sich zu resozialisieren – handelt es sich bei den Kandidaten und Kandidatinnen doch oftmals um Promis, die ihre besten Zeiten schon hinter sich haben, oder um an sich schon peinliche Promis, die sich bereits auf andere Weise schon unmöglich gemacht hatten. Das Dschungelcamp als Besserungsanstalt. Ein anderes Peinlichkeits-Showformat, allerdings in der Realität angesiedelt, haben die amerikanischen Staatsanwälte entwickelt, und zwar für Prominente, die mit dem Gesetz in Konflikt geraten sind oder verdächtigt werden. Beim sogenannten »Perpetrators Walk« werden sie in Handschellen von grimmigen Polizeibeamten aus der Wache über die Straße zum Transportfahrzeug gezerrt, die vorab informierte Presse filmt und fotografiert hemmungslos, und die Bilder gehen innerhalb von Minuten rund um den Erdball – im Frühjahr 2011 musste Dominique Strauss-Kahn, Chef des Internationalen Währungsfonds und möglicher Präsidentschaftskandidat der französischen Sozialisten, an diesen Pranger, nachdem ihm die Vergewaltigung einer New Yorker Hotelangestellten vorgeworfen worden war. Alles in allem eine sehr fragwürdige Praxis, bei der ein Beschuldigter noch vor Anklageerhebung und Prozess wie ein Schwerverbrecher gebrandmarkt wird. Und selbst wenn er sich dann als unschuldig erweist, sind diese rufschädigenden Bilder auf unabsehbare Zeit in der Welt. Letztlich wurde im Fall Strauss-Kahn ein Konflikt deutlich: Während für die Pariser Eliten seit Jahrhunderten der Grundsatz gilt, dass Affären zum statuskonformen Leben gehören und Frauen der unteren Schichten Freiwild sind, wird dies im puritanisch geprägten Amerika deutlich anders bewertet. Es scheint übrigens geradezu eine Konstante in der französischen Geschichte zu sein, dass sich die Feldherren, Präsidenten und Spitzenpolitiker links und rechts des Weges der Damenwelt bedienten. Das war in den Augen der Franzosen nichts Skandalöses – außer, die Mächtigen stellten sich dabei allzu ungeschickt an, wie etwa der Präsident Felix Faure. Der 57-Jährige starb am 16. Februar 1899 in seinem Amtssitz in den Armen der Mätresse Marguerite Steinheil, der Frau des Hofmalers. Die Wache des Élysée-Palastes fand den röchelnden Präsidenten auf einem Sofa im Salon d'Argent, am äußersten Ende des Ostflügels. Seine Hände hatten sich in das Haar der Dame verkrallt, die völlig nackt unter ihm lag. Faure hatte einen Schlaganfall erlitten, offenbar begünstigt durch die mehrmalige Einnahme eines Aphrodisiakums. Die Finger des Präsidenten ließen sich nicht mehr öffnen, so musste man notgedrungen Madame Steinheil die Haare stutzen, um das Paar zu trennen. Die gerupfte Mätresse zog sich hastig an und flüchtete, der liebestolle Präsident starb einige Stunden später. Spötter riefen ihm ins Grab nach: »Il a voulu vivre César et il est mort Pompée« (»Er wollte wie Cäsar leben und ist wie Pompejus gestorben.« *Pomper* war ein volkstümlicher Ausdruck für Oralverkehr).

Was genau in jenem New Yorker Hotelzimmer am 14. Mai 2011 vorfiel, liegt bis heute im Dunkeln – immerhin haben alle Beteiligten überlebt. In den USA reagierte man allerdings viel ungnädiger auf den möglichen Übergriff des prominenten Franzosen und glaubte, man müsse Strauss-Kahn vor der Flucht ins Ausland verhaften. Schließlich erwies sich sein vermeintliches Opfer als vollkommen unglaubwürdig, und den amerikanischen Behörden wurde die Sache dann selbst sehr peinlich.

Unvergessen ist auch, wie vor einigen Jahren die sexuellen Umtriebe des US-Präsidenten Bill Clinton zum Gegenstand eines hochnotpeinlichen Tribunals gemacht wurden. Überhaupt sind die öffentlichen Stellungnahmen von Politikern, die mit Callgirl-Engagements, Seitensprüngen und Ähnlichem aufflogen, für alle Beteiligten extrem blamabel, wie neben Clinton sicherlich auch der New Yorker Gouverneur Eliot Spitzer oder der Abgeordnete Anthony Weiner bestätigen würden. Da winden sich die Sünder, schauen treuherzig ihr Publikum an, vergießen Tränen, während die düpierten Ehefrauen bisweilen mit versteinertem Gesicht daneben stehen, weil sie nach der Devise »Stand by your man« politischen Schaden abwenden wollen – ein heldenhafter Rationalismus. Nunmehr vor aller Welt blamiert von ihren Männern, halten sie dennoch zu ihnen. Und die mit dem Finger auf den Sünder zeigen, haben selbst oft ebenso viel Dreck am Stecken, verfahren aber allzu gerne nach der Devise »Haltet den Dieb«, um von sich selbst abzulenken. Newt Gingrich etwa, ein konservativer Politiker, der stets die »Familienwerte« hochhielt, war damals federführend am Amtsenthebungsverfahren gegen Clinton beteiligt, hatte aber zur gleichen Zeit selbst ein außereheliches Verhältnis. Ein vergleichbarer deutscher Fall war Michel Friedman, dem es im Gegensatz zu Gingrich aber ziemlich an den Kragen ging. Zeitweise galt Friedman als härtester Polit-Talker des deutschen Fernsehens, als kompromissloser Fragensteller, als Moralist. Umso tiefer fiel er, als bekannt wurde, dass er ukrainische Prostituierte engagiert und mit ihnen Kokain geschnupft hatte.

90 Prozent der Menschen, die in den Medien vorkommen, wollten dies auch – davon ist Patricia Riekel, langjährige Chefredakteurin von *Die Aktuelle*, *Bunte* und *InStyle*, überzeugt, jedoch nur mit dem von ihnen selbst entworfenen Image. Nur wenn dieses Image nicht mehr stimme oder durch irgendwas erschüttert werde, dann möchte der Prominente plötzlich keine Interviews mehr geben und spreche empört von einer Hetzjagd der Medien auf ihn. Denn: »Wer früher – abgesehen vom Adel – prominent werden wollte, musste eine Leistung vorweisen und konnte deshalb in der Regel bei der Berichterstattung auf Respekt bauen. Heute kann jeder durch einen Auftritt im Fernsehen über Nacht berühmt werden – ohne große Begabung. Deshalb ha-

ben Medien und Fans auch weniger Respekt vor den Prominenten.«[70] Und auch die *Bunte*, schließt Riekel, sei »ja kein
Streichelzoo«. In diesen Fällen geht es den betroffenen Promis um Schadensbegrenzung und nachträgliche Image-
korrektur bzw. -reparatur. Wer sich beispielsweise auf Feiern danebenbenommen hat, benötigt eine Post-Party-PR,
und Prominente und Politiker heuern schon einmal professionelle Helfer an, um Seitensprünge, Ausraster, Umfrage-
tiefs oder Nazisprüche vergessen zu machen. Politiker sind
in fast noch stärkerem Maße auf Publicity angewiesen als
Schauspieler oder Musiker. Selbstkritisch merken Parlamen-
tarier wie die Schweizer Nationalrätin Jacqueline Fehr an,
dass Politiker allein von Amts wegen eine enorm starke Me-
dienpräsenz haben: »Jeder Sportler oder Kulturschaffende
muss erheblich mehr Leistung erbringen, um dieselbe medi-
ale Aufmerksamkeit zu erreichen.«[71] Dies stehe dann aber in
krassem Gegensatz zur tatsächlichen Macht des Politikers,
meint Frau Fehrs Kollege Markus Notter: »Der Politiker ist
ein Symbol ohne große Wirkung. Der Einfluss des Einzelnen
liegt im Millimeterbereich.«[72] Tatsächlich bilden Medien und
Politiker in all den Hauptstädten dieser Welt geschlossene
Zirkel, in denen der Bevölkerung politische Gestaltungsfä-
higkeit professionell vorgespielt wird – der Politikbetrieb als
virtuelle Welt. Auf Fehltritte des Konkurrenten wird immer
und überall gelauert, denn das Spiel mit den Skandalen gehört zum Politikbetrieb. Auffällig ist die Komplizenschaft
von Journalisten und Politikern allerdings in einem Punkt.
Warum berichten Journalisten so selten über die Alkohol-
probleme von Politikern? Gäbe es da nicht jede Menge in-
teressanter News und so manche Gelegenheit zum Skandal-

Schnappschuss in feuchtfröhlicher Runde? Die Antwort fällt simpel aus: Man sitzt zusammen beim Essen oder in der Bar, bekämpft den Stress und die Einsamkeit mit Alkohol und gewinnt seine wichtigsten Insider-Informationen vor allem auf diesem informellen Weg.

Peinlich sind nicht nur die Eskapaden der Promis, auch die Methoden der Paparazzi, Promireporter und Klatschjournalistinnen sind es bisweilen. Paparazzi wie der deutsche Hollywood-Promi-Jäger Hans Paul brüsten sich, wen sie alles mithilfe raffinierter Tricks »abgeschossen« haben. Dabei schildert Paul schon auf den ersten Seiten seiner Autobiografie, wie eine seiner Enthüllungen zum Selbstmord einer jungen Frau beitrug. Er hatte sich 1981 in eine Kölner Sexvermittlungsagentur eingeschlichen und die Bildkartei der Frauen abfotografiert. Bilder und Informationen verkaufte er an die *Neue Revue*. Eines der auf diese Weise geouteten Mädchen vergiftete sich bald danach. Scheinheilig schrieb Paul: »Dieser Schock verfolgt mich bis heute«, doch das hinderte ihn keineswegs daran, die Jagd nach Indiskretionen zum Beruf zu machen.[73] Zu den Meisterstücken eines Paparazzo gehört es, die Stars so zu provozieren, dass sie auf peinliche Weise völlig außer Rand und Band geraten und in der Folge spektakuläre Bilder liefern. Paul berichtet, wie er 1999 den Schlagersänger Guildo Horn in Köln aufspürte, als dieser mit seiner Freundin im Auto losfahren wollte: »Ich stand vor der Motorhaube seines Fords und fotografierte provozierend nur das Mädchen. Wie ich es erwartet hatte, stieg Guildo aus und verlangte den Film.« Nun hat Paul den Sänger am Wickel, unablässig fotografierend liefert er sich mit dem wütenden Guildo, dessen Beschützerinstinkt nun geweckt ist, einen Ringelpietz rund um das Auto, schließlich kriegt Guildo den Fotografen zu fassen, ein Passant mischt sich ein, Paul flüchtet in sein Auto, und die Sache wird noch besser: Guildo will verhindern, dass der Paparazzo mit seinem Film flüchtet und versucht vergeblich, durch das offene Fenster den Zündschlüssel zu packen: »Es gelang ihm nicht, der Motor sprang an. Doch er hielt das Lenkrad fest. Jetzt erst merkte ich, was der Mann für eine Kraft hatte. Ich kam nicht aus der Parklücke heraus und hatte Angst, dass der starke Barde meine laufende Filmkamera in der Kopfstütze des Beifahrersitzes entdecken würde. So gab ich ihm schnell meinen Film aus dem Fotoapparat und er verschwand mit drohendem Zeigefinger.« Während sich der Sänger als Sieger fühlte, hatte Paul die ganze Rangelei auf Film und verkaufte die Story für saftige Honorare an diverse Fernsehsender und an die *Bild*.

Manchmal wissen selbst die People-Journalisten wenig über die Meriten der Stars (außer, dass sie irgendwie »prominent« sind) oder sind gar so unschlagbar unwissend wie die deutsche Moderatorin Susann Atwell, die in den 1990er-Jahren für Prosieben aktiv war. Bei den Filmfestspielen in Cannes lief ihr plötzlich Jurymitglied Francis Ford Coppola vor das Mikrofon. Ihr fiel aber nichts ein, was sie ihn fragen könnte: »Ich habe mich in meiner Verzweiflung an den Kameramann gewandt, der sagte: ›Frag ihn, wann er den zweiten Teil vom Paten macht‹. Das habe ich dann auch getan. Coppola drehte sich nur um und ging weg. Mit Recht. Ich dachte: Tu dich auf, Erdboden, ich verschwinde. Es war furchtbar peinlich.«[74] *Der Pate II* war bereits vor über 20 Jahren gedreht worden.

Ein heftiger Skandal in eigener Sache machte im Sommer 2011 den britischen Prominentenjägern zu schaffen. Es ging dabei vor allem um die Methoden der traditionsreichen Boulevardzeitung *News of the World*. Vor knapp 170 Jahren gegründet, versorgte sie damals die gerade erst mühsam alphabetisierte englische Arbeiterklasse mit Sensations- und Skandalgeschichten. In den letzten Jahren war der Ton immer schriller, waren die Geschichten immer sensationsträchtiger geworden. Prominente galten als Freiwild, wurden Opfer eines Enthüllungsjournalismus, der unter allen Umständen aus ihnen Drogenabhängige, Alkoholkranke, Sexbesessene und Betrüger zu machen versuchte. Das Sonntagsblatt *News of the World*, sein Schwesterblatt *Sun* und andere Boulevardzeitungen hatten eine unendliche Reihe von Prominenten-Blamagen enthüllt (bzw. in einigen Fällen schlicht erfunden), darunter Hughs Grants Sex-Eskapaden, Beckhams und Rooneys erotische Auswärtsspiele oder die sehr merkwürdige SM-Fetischparty des Formel-1-Bosses Max Mosley. Gold wert sind für die Boulevardblätter Informanten wie beispielsweise der Ex-Leibwächter von Britney Spears. Fernando Flores, der seine Chefin bereits wegen »sexueller Belästigung« verklagt hatte, erzählte der *Sun*: »Spears ist eine Kettenraucherin. Sie furzt und bohrt in der Nase. Sie hat sich tagelang nicht gebadet, sich die Zähne nicht geputzt und die Haare nicht gemacht.« Der schwer traumatisierte Mann leidet laut eigenem Bekunden noch immer unter schlimmen Angstzuständen und Depressionen, sieben Millionen US-Dollar Schmerzensgeld soll sein Martyrium wert sein. Völlig frei erfunden war hingegen der Scoop der *Sun*, in dem behauptet wurde, Elton John habe Strichjungen bezahlt und seinen Wachhunden die Stimmbänder entfernen lassen, weil ihn ihr Bellen störte – der vermeintliche Tierquäler Elton John kassierte in diesem Fall eine Million Pfund Entschädigung. Am Ende überspannte *News of the World* den Bogen, indem sie die Telefone von Prominenten, darunter von Mitgliedern der königlichen Familie, abhören ließ, um an brisante Storys zu kommen – das Blatt musste im Juli 2011 eingestellt werden.

Letztlich kann man sagen: Bei den Prominenten wird wie unter einer Lupe das Peinlichkeitsempfinden einer Gesellschaft oder einer Epoche deutlich. In der Bewunderung wie in der Verabscheuung des Stars finden wir unsere eigenen Wertmaßstäbe, Vor- und Schreckbilder, hier bricht sich der mächtige Impuls der Schadenfreude Bahn, der im persönlichen Umfeld, im Alltag nicht ausgelebt werden kann. Die Stars, über deren Pannen, Fauxpas und Unvollkommenheiten man anonym und hemmungslos lachen, lästern und tratschen kann, dienen hier als Blitzableiter.

KAPITEL 9

PANORAMA DER PEINLICHKEITEN V – GESCHMACKSVERIRRUNGEN

Als Kunstbanause dastehen

Ob Vernissage oder Stehempfang in der Botschaft, Klassik-Matinee oder Opernbesuch – was dem einen als hochkultureller Genuss gilt, bereitet dem anderen Höllenqualen, denn hier herrschen unerbittlich die Etikette, Dresscodes und Regeln der gehobenen Konversation. Die schüchternen Zeitgenossen fühlen sich hier besonders unbehaglich, aber auch die heimlichen Banausen, die eigentlich von Kunst, Musik und Theater keine Ahnung haben.

Im Theater zu spät kommen

Natürlich sitzen Sie in der dritten Reihe mittig. Alle anderen sind schon da. Sogar die Schauspieler kriegen mit, dass eine komplette Reihe aufstehen muss. Vor Peinlichkeit ertragen Sie es nicht, den sich mühsam aufrappelnden Mitmenschen in die Augen zu sehen und wenden Ihnen stattdessen Ihr prächtiges Hinterteil zu.

Im Theater beleidigt werden

Publikumsbeleidigung gehört zum Standardprogramm des heutigen Regietheaters. Obwohl ja alle wissen, dass es nicht persönlich gemeint ist, zucken diejenigen Zuschauer doch merklich zusammen, die von den Schauspielern ausgewählt wurden, um von der Bühne herab als »Spießer«, »Fotze« oder »Wichser« betitelt zu werden (in früheren Zeiten konnte so etwas durchaus Schlägereien auslösen, doch heute ist das Publikum vollkommen handzahm). Pionier in dieser Disziplin war zweifellos der unsterbliche Klaus Kinski, der die Zuschauer bisweilen als »dumme Säue« titulierte und Zwischenrufer schon mal hinter die Bühne zitierte, um ihnen nach der Vorstellung was auf die Nase zu geben. Christoph Schlingensief bemühte sich seinerzeit redlich in Kinskis Fußstapfen zu treten. Unvergessen ist seine groteske *Hamlet*-Inszenierung am Zürcher Schauspielhaus im Jahr 2001, als er dem murrenden Publikum entgegenschleuderte: »Sie sind hier und haben eine Karte bezahlt, um die Klappe zu halten.« Und einer älteren Theaterbesucherin, die empört den Saal verließ, rief er hinterher: »Gehen Sie bitte ins Bett und schlafen Sie durch, bis Sie tot sind, das dauert bei Ihnen ohnehin nicht mehr so lang.«[75]

Im Theater als Einziger applaudieren

Sie haben soeben dem gesamten Publikum demonstriert, dass Sie das Stück sprachlich oder inhaltlich nicht verstehen, dass Sie kein Gespür für dramaturgische Höhepunkte haben. Sie sind ein Vollidiot. Oder doch ein poststrukturalistischer Avantgardist? Die einzige Rettung: Klatschen Sie nun immer wieder an ungewöhnlichen Stellen, um eine neue dekonstruktivistische »Lesart« des Stücks zu etablieren, und sich als intellektueller Trendsetter zu profilieren! Das Publikum wird Ihnen sicher bald folgen.

Zu viel Applaus spenden

In den letzten Jahren hat sich die Unsitte verbreitet, bei Konzerten oder im Theater selbst mittelmäßige Darbietungen mit inflationärem Applaus zu bedenken, und auf diese Weise mehrfache Vorhänge oder Zugaben herauszuholen. Ein Ausdruck spießigen Knausertums: Man möchte möglichst viel für sein Geld haben, oder sich durch die Klatschorgien autosuggestiv einreden, man habe ein großartiges Kulturerlebnis gehabt. Tatsächlich zeigt ein Publikum, das hemmungslos alles beklatscht, dass es zwischen guten und schlechten Leistungen gar nicht mehr unterscheiden kann – oder will.

Enthusiastisch »Bravo«, »Brava«, »Bravi« oder »Da capo« rufen

Übertriebene Lobhudelei in pseudoitalienischer Manier ist bei den allermeisten Darbietungen hochgradig blamabel. Überhaupt gilt bei Hochkulturveranstaltungen die ungeschriebene Regel, seine Emotionen zu beherrschen. Man genießt kennerhaft-cool im Inneren, im Stillen. Man ruft sich nicht laut im Museum etwas zu (»Ey, guck ma' hier, ey«!), weint und kreischt nicht im Theater, pfeift nicht beim klassischen Konzert mit – außer, man hat kein Problem damit, als unkritische, überspannte oder proletenhafte Person ohne geschmackssicheres Urteilsvermögen zu gelten.

Keinen Applaus bekommen

Dünner, rasch ersterbender oder gar völlig ausbleibender Applaus ist natürlich für alle, die auf der Bühne stehen, eine peinliche Angelegenheit. Man kann es sich heute kaum vorstellen, aber fast alle Superstars hatten irgendwann in ihrer Karriere (meistens ganz am Anfang, manche auch ganz am Ende) ein derartiges Erlebnis, so auch Madonna, die mit Tanz-Begleitung 1984 in der britischen Fernsehsendung *The Tube* auftrat. Madonnas Bruder erinnert sich an dieses Gastspiel vor einem Studiopublikum in Manchester: »Normalerweise fangen die Zuschauer während ›Holiday‹ an zu tanzen. Aber nicht dieses Mal. Sie stehen einfach nur da und sehen zu, mit teilnahmslosen Gesichtern. Dann fangen sie plötzlich an zu buhen und mit Dingen nach uns zu werfen. Ich werde von einer zusammengeknüllten Serviette getroffen, Madonna von einem Brötchen.«[76]

Kein Publikum haben

Noch schlimmer ist es für Künstler und Veranstalter, wenn das Publikum ganz ausbleibt, leere Stuhlreihen im Theater gähnen, sich in einen großen Ausstellungsraum oder Konzertsaal nur ein Häuflein Besucher verirrt, denen wiederum peinlich ist, dass sie so einen schlechten/altmodischen/exotischen Geschmack haben, den kaum jemand mit ihnen teilen will. So mag es Anfang der 1980er-Jahre auch der Handvoll von Besuchern ergangen sein, die sich zu Konzerten des Schlagersängers Wolfgang Petry einfanden, der damals kurz davor war, seine musikalische Karriere endgültig zu beenden (was er und seine wenigen Zuhörer damals nicht ahnten: Er sollte in den 1990er zu einem Schlagergiganten werden, der ganze Stadien zu füllen vermochte).

In der Oper mitdirigieren

Sie wollen Ihren Mitmenschen unbedingt zeigen, was für ein Karajan an Ihnen verloren gegangen ist? Mit geschlossenen Augen und gerecktem Kinn dirigieren Sie das Orchester vom Parkett aus. Peinlicher ist dann nur noch, die Lieblingsarien mitzusingen.

Beim Konzert zwischen den Sätzen klatschen

Und Sie dachten nach der Ouvertüre schon, das wär's gewesen! Offensichtlich wissen Sie nicht, dass eine Suite oder Sinfonie vom Kontrastreichtum ihrer Satzfolge lebt. Wenn Sie jetzt schon klatschen, offenbaren Sie Ihre Unkenntnis des inneren Zusammenhangs jedweder Komposition – mit anderen Worten: Sie sind ein Banause, und jetzt wissen es alle.

Hustenreiz

Seltsam: Sobald es im Theater oder in der Oper still wird, machen sich die notorischen Huster und Räusperer bemerkbar, steigern sich manchmal zu veritablen Krächzkonzerten. Ein psychologisches Rätsel. Müssen die Huster und Krächzer zwanghaft die Aufmerksamkeit auf sich lenken? Sind sie neidisch und eifersüchtig auf die Sänger und Schauspieler, denen die Bühne gehört? Der legendär cholerische Schauspieler Klaus Kinski unterbrach einmal seine Darbietung, um einem Hustenden von der Bühne herunter zuzurufen: »Kotz dich aus, dann mach ich weiter!« Aber das waren noch andere Zeiten.

In der ersten Reihe einschlafen

Extrem demotivierend für Schauspieler, Musiker oder Redner, wenn sich im Publikum die Schläfer oder gar Schnarcher breitmachen; vor allem, wenn sie dies in der ersten Reihe tun. Manche Menschen haben den seltsamen Drang, in der Öffentlichkeit, und am liebsten auf den teuersten Plätzen, ihr Nickerchen einzulegen. Oder handelt es sich um eine Provokationsstrategie, nach dem Motto: »Seht her, ich kann mir die teuersten Tickets leisten, aber pfeif auf eure Show«? Bedenken die Schläfer aber auch, dass sie auf Pressefotos als VIP-Schlafmütze verewigt werden könnten? Sonst geht es ihnen wie dem tschechischen Außenminister Karel Schwarzenberg, der im Sommer 2011 auf einer sicherheitspolitischen Konferenz in Belgrad eingenickt war. Die serbische und tschechische Presse war empört. Schwarzenberg habe mindestens eine halbe Stunde genüsslich geschlafen, während die anderen Konferenzteilnehmer über die gravierenden Sicherheitsprobleme auf dem Balkan diskutierten, berichteten die Zeitungen. Vom Außenminister gab es keine offizielle Reaktion, doch in einem früheren Interview hatte der Politiker seine Schwäche so gerechtfertigt: »Wenn viele Leute im Raum sind und der Sauerstoffgehalt sinkt und mich noch dazu grelle Scheinwerfer zum Schließen der Augen zwingen, kann ich nicht widerstehen. Aber ich passe auf, dass mir nichts Wich-

tiges entgeht.«[77] Übertroffen wird dies nur noch von Zeitgenossen, die es schaffen, mitten auf dem Podium einzuschla-
fen, während ihr Nebenmann gerade einen Vortrag hält.
Diese Peinlichkeit kann eigentlich nur durch Volltrunken-
heit, biblisches Alter oder chronische Schlafapnoen entschul-
digt werden.

Im Museum Alarm auslösen

Schon die ganze Zeit fühlen Sie sich von den Museumswär-
tern zu Unrecht verdächtigt und verfolgt. Und dann passiert's
doch: Weil Sie Ihre Brille vergessen haben und trotzdem kein
Folterdetail auf Hieronymus Boschs Gemälden verpassen
wollen, kommen Sie der Bildoberfläche gefährlich nahe. Der
schrille Ton lässt Hektik beim Museumspersonal aufkom-
men, alle Besucher drehen sich nach Ihnen um, rüstige Rentner beschimpfen Sie – und Sie möchten im Erdboden versin-
ken.

Versehentlich ein Kunstwerk wegwerfen

Sie haben kürzlich ein »sperriges Etwas« entsorgen lassen?
Sie haben bei einem Kunstwerk Inhalt und Verpackung ver-
wechselt, und das Wertobjekt in den Container wandern las-
sen? Und jetzt gibt es lange Gesichter, fünf- oder sechsstellige
Werte seien vernichtet worden, wird geklagt, und Ihr Foto
erscheint zu allem Überfluss auch noch in der Lokalzeitung.
So erging es vor einigen Jahren der Londoner Firma Fine Art
Logistics. Ein Sammler ließ dort die Plastik *Hole and Vessel
II* von Anish Kapoor einlagern. Drei Monate später war das

Werk, das immerhin mehr als einen Kubikmeter maß, bei Aufräumungsarbeiten in den Müllcontainer geworfen worden und spurlos verschwunden. Die Firma bot dem Sammler lumpige 588 Pfund als Kompensation an. Doch er erstritt vor Gericht rund 350 000 Pfund, inklusive der bis 2007 vermuteten Wertsteigerung der Arbeit, die aus dem Jahr 1984 stammte.[78] In Zukunft also lieber erst fragen: »Ist das Kunst oder kann das weg?«

Plötzlich selber malen oder dichten

Jeder ist ein Künstler – sagte einst Beuys. Und ohne Zweifel dient die kreative Freizeitgestaltung der ganzheitlichen Persönlichkeitsentwicklung. Doch sind die Ergebnisse auch reif für die Öffentlichkeit? Manch ein Gemälde, manch ein Gedicht kommt über kitschigen Dilettantismus nicht hinaus – und wird zur peinlichen Belastung für alle Beteiligten, wenn es etwa als Geschenk überreicht wird.

Fashion-Fiaskos

Die letzte Modeepoche, an die man sich mit einigermaßen angenehmen Gefühlen erinnert, waren die 1960er. Die Damen- und Herrenmode jener Zeit vereinigte eine gewisse Eleganz mit einem gemäßigten Modernismus, der eine große Zukunft vor sich zu haben schien. Was aber danach kam, war grauenhaft! Die 1970er, inspiriert von den Gammlern und Hippies, mit ihrer verkitschten Drogenoptik und blumigen Androgynität; die 1980er, mit ihrem auf cool getrimmten No-

Future-Edelpunk-Look, mit ihren Neonfarben und roboter-
haft eckigen Formen; die 1990er, Ära des verhuschten Ka-
puzenstils, die aus uns allen Knackis und Gangster machte.
Und jetzt, seit einigen Jahren, genießen wir in der Mode (wie
auch in der zeitgenössischen Kunst, der Architektur, der Musik, dem Design) den Mix aller Scheußlichkeiten der letzten
30 Jahre. Zunächst einige gängige Fashion-Fiaskos in der Da-
menmode, dann sind die Herren an der Reihe.

Abgestandener Stilmix

Heutzutage wird aus dem Formenschatz der Vergangenheit
zitiert, kombiniert, kollagiert. Königsdisziplin ist der »ex-
perimentelle« Vintage-Stilmix, manchmal auch ein »muti-
ges« Cross-Dressing, welches prinzipiell immer hart an der
Grenze zur Peinlichkeit rangiert. Jungen Menschen sieht
man so etwas noch eher nach, an älteren Semestern sieht's
bisweilen seltsam aus. Zu den Dingen, die wir am liebsten nie
wieder sehen wollen, zählen u. a.:

- Leggings aller Art
- Karottenhosen, Schlaghosen und Pumphosen (letztere eigentlich ein Kleidungsstück frommer muslimischer Männer, die damit ihr Gemächt zu verhüllen bestrebt sind)
- Leopardenlook (allenfalls als Rocklady/Groupie-Parodie
  akzeptabel)
- Pelze (wirken auf billige Weise teuer bzw. auf teure Art
  billig; außerdem unmöglich, wenn es sich um Pelze seltener oder bedrohter Tierarten handelt)
- Blusen und Blazer mit verrutschenden Schulterpolstern

- nackte Beine ohne Strumpfhose/BH-Verzicht (eine heute etwas deplatzierte natürliche Libertinage, wie sie zu Zeiten Woodstocks angesagt war).

Peinliche Dissonanzen

Hier einige zeitlose peinliche Missgriffe und Dissonanzen in der Mode:

- zu lange oder zu kurze Ärmel (es sei denn, Sie machen gerne einen leicht vertrottelten Eindruck)
- Abendprogramm in 19,99 €-Pumps (offensichtlich billige Plastikabsätze, geklebte Nähte, billigste Lederimitate)
- mit Rucksack in der City
- allzu kleine oder allzu große Handtaschen (es sei denn, Sie wollen elefantenartig oder gnomenhaft aussehen)
- bodenlange Röcke und breite Gürtel bei kleinen Frauen (es sei denn, Sie möchten noch kleiner wirken)
- zu weite Hosen oder Röcke, die mit einem Gürtel geknautscht werden (Clown-Effekt)
- zu enge oder zu stramm nach oben gezogene Hosen, wodurch sich der Schambereich überdeutlich plastisch unter dem Stoff abzeichnet (der berüchtigte Camel-Toe-Effekt)
- Slips oder Stringtangas mit höherem Bund, die über die zu knappe Hüfthose hinausragen (wirkt forciert sexy, also billig)
- gewollt »sexy« Tops aus Polyacryl mit allerlei Bling-Bling-Applikationen, die (zu) viel Haut zeigen
- Imitate von erigierten Nippeln, die unter transparenter Kleidung getragen werden (ja, so etwas gibt es wirklich).

Haariges

- fettiges Haar
- rausgewachsene Dauerwelle
- nicht nachgefärbter Haaransatz
- knallige Strähnen (soll flippig-jugendlich wirken)
- große, bunte Spangen und Plastikklemmen (Kleinmädchencharme)
- starke Beinbehaarung; ebenfalls peinlich: Damenbärte und dichte Haarbüschel, die unter den Achseln oder aus dem Badeanzug hervorschauen.

Männermode: Wenn Mutti die Klamotten kauft

Natürlich sind übermäßig eitle Männer peinlich, doch ebenso peinlich sind die Fashion-Analphabeten, die auch im Erwachsenenalter noch erwarten, dass Mutti ihnen morgens etwas zum Anziehen über den Stuhl hängt. Andererseits ist es bei hartnäckigen Modeverweigerern vielleicht gar nicht so schlecht, wenn Mütter oder Ehefrauen den Herrn einkleiden, und somit Schlimmeres verhindern. Auch Ljudmila Putina gehörte zu diesen Frauen. Über ihren Ehemann Wladimir, den starken Mann Russlands, verriet sie: »In Bezug auf Kleidung ist er sehr anspruchslos, er hat ihr nie eine besondere Bedeutung beigemessen.«[79] Glücklicherweise verhinderte seine Frau ein Fashion-Fiasko im Kreml, denn an mächtigen Männern fällt so etwas sofort auf. Diese Erfahrung musste auch US-Präsident Obama machen, als er am 14. Juli 2009 in St. Louis ein Baseball-Allstar-Spiel mit dem »First Pitch« eröffnete. Die Presse ätzte, Obama sei in einer typischen »Mom-Jeans« erschienen, der unmodische Klassiker mit hohem Bund und weiten Beinen, den Muttis gerne für den Sohnemann einkaufen.

Männer oben ohne

Im Hochsommer mit nacktem Oberkörper in der City? Grässlich. Im besten Fall, d. h. mit gestähltem Sixpack, sieht man schwul aus, im schlimmsten nach Ballermanntourist im Sangria-umnachteten Endstadium (gestattete Ausnahme: Straßenbauarbeiter, Gerüstbauer, CSD-Paradenteilnehmer).

Männer unten ohne

Sieht immer etwas merkwürdig aus: Männer über dreißig in kurzen Hosen. Kein Wunder, dass es einst als Zeichen des Erwachsenseins galt, lange Hosen tragen zu dürfen.

Zu billige und zu teure Anzüge

Gemeint sind schlechtsitzende Anzüge von der Stange, sackartig weit oder zu eng, mit zu langem oder zu kurzem Arm, mit verrutschender Schulterpartie und ausgebeulten Taschen. Ausnahme: Politiker, die bewusst von der Stange kaufen, um auf volkstümlich machen zu können (der knautschige Columbo-Effekt). Das andere Extrem: Angeber, die die Jackettärmel eigens aufknöpfen und hochkrempeln, nur um zu zeigen, dass der Anzug maßgeschneidert ist.

Weitere Herrenmoden-Fauxpas

- pastellfarbene Lacoste-Polohemden mit hochgestelltem Kragen
- coole Band-Mottoshirts, von offensichtlichen Posern getragen
- tief aufgeknöpftes Hemd
- Selbstbinderkrawatte mit Gummizug
- Sportblouson oder Trainingsjacke in Kombination mit Krawatte
- Hochwasserhosen
- mit Rucksack in der City unterwegs
- alte Schuhe mit schiefgelatschten Absätzen zu einem guten Anzug.

Herr mit Hut

Was fällt Ihnen spontan dazu ein? Cowboy – Fasching – Udo Lindenberg – Rentner. Wer trägt heute eigentlich noch Hut, fragt man sich, wenn man sich in den Fußgängerzonen umsieht. Hutträger fallen heute auf, Basecap und Wollmütze sind für den Jungen, der Hut für den erwachsenen Mann. Der Hut als Markenzeichen, als markantes visuelles Element, als Hingucker, als Ausrufezeichen, ist ein riskantes Unternehmen, denn nicht jeder hat ein Hutgesicht oder einen Hutkopf, bei manchen scheint der Hut die Gesamterscheinung ideal zu ergänzen, bei anderen wirkt er gewollt, forciert, lächerlich, eben buchstäblich – aufgesetzt …

Frisurunfälle

Graue Haare sollten nur mit Geschick und in dezenter Strähnchentechnik gefärbt werden, da sonst die Gefahr besteht, im massiven »Heldentenor-Schwarz« daherzukommen. Peinlich auch: Misslungene Haartransplantationen, durchgeführt von Billiganbietern: Irritierend falsche Wuchsrichtung der Implantate; auf der früheren Glatze stehen dicke Büschel in zu weitem Abstand, die wie einsame Sisalstauden in der Wüste ausssehen.

Auch out & daneben:

- massenhafter Einsatz von Gel, das dann bretthart auftrocknet
- lange Haare, aber brav zum streng gestriegelten Pferdeschwanz gebunden
- nikotinverfärbte oder mit Speiseresten durchsetzte Vollbärte
- Nietzsche- oder Stalinschnurrbärte
- Schuppen, die sich immer wieder wie Neuschnee auf Kragen und Schultern ansammeln.

Overdressed & Underdressed: So what?

Mit Basecap zum Pferderennen nach Ascot? Bei einer Hochzeit festlicher als das Brautpaar aufkreuzen? Beim Dresscode »Come as you are« in Flipflops und Jogginghose auftauchen? Bekleidungsunfälle in dieser Art hat wohl jeder einmal erlitten, auch der Autor dieses Buches: Er erlebte einmal die peinvolle Situation, in seinem neuen Anzug auf einer Party

zu erscheinen, die sich dann als Bad-Taste-Mottoparty ent-
puppte. Furchtbar, wenn man seinen wahren Geschmack
verleugnen und als ironische Verkleidung denunzieren muss!

Was tun, wenn Sie bei der Wahl der Kleidung total danebengegriffen haben? Wenn man sich etwa als Einziger für
eine Abendveranstaltung mit Smoking und Fliege rausge-
putzt hat und miterleben muss, dass alle bei einem Getränke
bestellen wollen? Sie könnten nach Hause gehen und sich
umziehen. Doch wenn Sie bereits von anderen Gästen gesehen worden sind, ist es dafür zu spät. Dann würde Ihre eigenartige Vorher-Nachher-Verwandlung zum Gesprächsstoff
und damit noch viel peinlicher. Besser, Sie gehen in die Offensive und tun so, als sei Ihre Garderobe vollkommen angemessen. Eine andere Strategie empfiehlt die Operettenle-
gende Dagmar Koller: Wenn man nicht wisse, was man auf
einer Gesellschaft anziehen soll, komme man am besten als
Erster. Dann haben nämlich die anderen das Gefühl, falsch
angezogen zu sein.

Ausgenommen von den hier beschriebenen Kleiderordnun-
gen sind übrigens Künstler, sehr reiche und sehr alte Menschen, sowie der Autor dieses Buches, der sich mittlerweile
Lord Arthur Gorings Wahlspruch aus dem Stück *Ein idealer
Gatte* (von Oscar Wilde) zu eigen gemacht hat: »Fashion is
what one wears oneself. What is unfashionable is what other
people wear.« Und zu guter Letzt sei den Männern mit den
Worten Coco Chanels gesagt: »Ein Mann kann anziehen was
er will – er bleibt doch nur ein Accessoire der Frau.«

Schlechten Geschmack haben

Schlechter Geschmack äußert sich im Lebensstil, im ästhetischen Empfinden, in dem, was man begehrt. Schlechter Geschmack ist per se etwas Persönliches, in ihm verbinden sich der Zeitstil und der Zeitgeist mit der persönlichen Sozialisation. Den schlechten Geschmack kann man so schnell nicht ablegen, auch nicht, wenn man plötzlich viel Geld geerbt hat, wenn man eine neue Position im Berufsleben errungen oder gut geheiratet hat. Viele Menschen sind in diesem Punkt sehr konservativ oder eben sehr unsicher. Die einen bleiben mit ihrem Geschmacksempfinden, mit ihrer Mentalität in jener Zeit stecken, in der sie jung und aufnahmefähig waren, und sind dann ihr Leben lang auf dem 1980er-Trip oder in der Adenauer-Ära hängen geblieben – klare Fälle für die Oldiehitparade oder den Musikantenstadl. Andere versuchen verzweifelt, mit der Mode zu gehen und den jeweils aktuellen Geschmack zu adaptieren. Beide Varianten sind gleichermaßen peinlich. Während die einen quasi eingefroren in geistiger Unbeweglichkeit verharren und so demonstrieren, dass ihre beste Zeit schon lange passé ist, wirken die anderen auf streberhafte Weise trendy. Besonders ergiebiges Peinlichkeitspotenzial besitzen Neureiche, bei denen der Geschmack nicht mit dem Vermögenszuwachs mitzuhalten imstande war, und sich nun eine zutiefst kleinbürgerlich-kitschige Ästhetik Bahn bricht – häufig in überdimensionierter Ausführung und unter Einsatz teuerster Materialien. Doch über soziologische Zusammenhänge hinaus gibt es durchaus werkimmanente Kriterien, warum ein Design, ein Gebrauchsgegenstand, ein Luxusobjekt von schlechtem Geschmack zeugt.

Damit lässt sich die Frage klären, warum manche Autos, Häuser, Schmuckstücke und andere Statussymbole auf uns so peinlich wirken.

Kitschig, sentimental oder primitiv

Bereits vor 100 Jahren beschäftigte dieses Phänomen die Gemüter, so dass im Stuttgarter Landesgewerbemuseum eigens eine »Abteilung für Geschmacksverirrungen« eingerichtet wurde. Dort waren, zum Zwecke der Abschreckung und Belehrung, besonders hässliche und peinliche Kunst- und Gebrauchsgegenstände versammelt worden. Man glaubte damals, dass das Design der Dinge, dass Kunst und Architektur einen starken Einfluss auf das Denken ausüben könnte. Im Klartext: Gute Kunst macht die Menschen besser. Deshalb stellten Kunsthistoriker wie Gustav Pazaurek Kriterien auf, nach denen peinlich missratene Gegenstände definiert werden sollten, um so dem schlechten Geschmack resolut den Kampf anzusagen. Die Kriterien lauteten beispielsweise: »Selbstherrlichkeit des Ornaments«, »Zweckkollisionen« oder »Dekorbrutalitäten«. Ob in Haus und Hof, in der guten Stube oder in der Gartengestaltung, beim Auto oder in der Wahl sonstiger Statussymbole, schlechter, peinlicher Geschmack manifestiert sich bis heute in diesen Kategorien:

- Kitsch: Heimat-, Ethno- und Folklorekitsch, sentimentaler Kitsch, Devotionalienkitsch
- demonstrative Material- und Ressourcenverschwendung, überaus teure Materialien

- Angeberei, die in Super-Size-Objekten zum Ausdruck kommt
- Trophäen (Felle seltener Tiere, Elefantenfußhocker u. a. Tier- oder gar menschliche Präparate, demonstrative Verstöße gegen Artenschutz- oder Schmuggelgesetze)
- sexistische und rassistische Aussagen in Kulturerzeugnissen und Kunst
- scheinbar nützliche, aber funktionsunfähige Objekte, die nur der Dekoration dienen (»Funktionslügen«)
- sichtbare billige Ersatzmaterialien oder Materialattrappen.

Bad-Taste-Recycling

Freilich muss gesagt werden, dass derartige Peinlichkeitskataloge nicht in Stein gemeißelt sind – sie können durchaus umgeschrieben werden. Da wir im Zeitalter einer ironischen Postmoderne leben, in dem nahezu alle Kunstwerke, Musikstile, Moden und sonstigen Produkte der Kulturindustrie permanent zitiert, neuinterpretiert, gesampelt und persifliert werden, gilt das Motto: Manches ist so out, dass es schon wieder in ist! Nach dieser Devise werden Musikbands, Kleidung, Autos oder Designprogramme, die gestern noch als peinlich spießig oder als Beispiele ästhetischer Randgruppenkulturen galten, in ironischer Weise kultverdächtig. Etwa jene dicken schwarzen Nerd-Brillen, Pollunder und Strickmützen, für die man in den (echten) 1980ern noch kopfüber im Schulklo versenkt worden wäre. Sie sind nun Markenzeichen der in Großstadt-Cafés wichtigtuerisch auf ihren Laptops herumhackenden »digitalen Boheme«. Meistens sind es Künstler, Subkulturen oder das Sinusmilieu der »modernen Performer«, die plötzlich cool finden, was vor Jahrzehnten angesagt war. Deshalb kann man nie sicher sein, ob Karotten- oder Schlaghosen, ob Schulterpolster oder Vokuhila-Frisuren nicht doch in der nächsten Saison wieder auftauchen, ob wir nicht doch bald wieder zu den Klängen des Deutschen Schlagers, des 1970er-Glamrocks oder trashigen Euro-Pops der frühen 1990er tanzen müssen.

Zwanghaft ironisch

Folglich gilt heute »anything goes«. High Art und Trash, Camp und Konzeptkunst, Subversion und Funktionalismus im bunten Mix – es gibt keinen einheitlichen Zeitstil mehr, und es ist bisweilen schwer zu erkennen, was in welchen Kreisen und Milieus »in« und »out« ist, dazu muss man ein feines Sensorium entwickeln. Wem das nicht gelingt – der blamiert sich. Folglich verstecken sich nicht wenige hinter einer dicken Schicht Ironie, pflegen einen demonstrativen »Bad Taste« in jeder Beziehung, um nicht Farbe bekennen zu müssen. Denn heutzutage, so die Journalistin Nina Pauer treffend, sei es »nahezu unmöglich und vielmehr furchtbar anstrengend geworden, im weit und subtil verästelten analog-virtuellen Netzwerk stets die Balance aus lässigem Understatement, hübscher Ironie und gleichzeitiger Selbstvermarktung zu pflegen«.[80]

Peinliche Autos

Wenn Auto und Fahrer gar nicht (oder allzu gut) zusammen-
passen, ergeben sich peinliche Dissonanzen oder die ebenso
peinlichen Bestätigungen althergebrachter Klischees. Hier
einige Beispiele:

- alternder Architekt im Mercedes SLK Roadster
- aggressiv dreinblickender junger Mann mit getuntem Wagen; wahlweise schwarzer 3er BMW, tiefergelegt oder
  vollverspoilertem VW Golf GTI (die Erben des Manta
  und des Scirocco)
- Opelfahrerinnen mit Heckscheiben-Klebefolien »Corsa-
  Zicke« oder »Böhse Onkelz«
- Rentner mit Hut im beigen VW Jetta
- blondierte Schnepfe im Porsche Cayenne, die das Töch-
  terlein zum Eiskunstlauftraining fährt (»rich kid's hockey
  mom«)
- Generell peinlich sind Autos, die zu klein (Trabbi, Mini),
  zu groß (Hummer, Stretchlimousine), zu hässlich sind
  (missglücktes Tuning) oder als grässliche Mixturen daherkommen (Mischungen zwischen Jeep und Familienlimou-
  sine, zwischen Jeep und Sportwagen).

Peinliche Wohnkultur

Nur einige wenige Beispiele aus diesem Universum des
schlechten Geschmacks:

- Riesenflachbildschirm, der das Zimmer dominiert
- Zinnteller an der Wand
- Wolkenstores in Himmelblau oder Lachsrosa

- Schrankwände in Eiche brutal
- billige Corbusier-Sessel-Imitate
- pseudoedle weiß lackierte Küche mit goldenen Griffen.

Peinliche Hobbys

Die erwähnten Kriterien für peinlich-schlechten Geschmack lassen sich natürlich auf alle Arten von Gegenständen oder Statussymbolen anwenden, auf Inneneinrichtungen, Küchen, Gärten, Haustypen, auf den Musikgeschmack, die Lieblingsfilme und Lieblingsschauspieler (damit allein wäre ein ganzes Buch zu füllen). Uns soll aber an dieser Stelle nur der Blick auf die mehr oder minder blamable Art der Freizeitgestaltung interessieren.

Jagen und Angeln

Tiere töten als Freizeitgestaltung, aus Spaß – das ist eigentlich sogar mehr als peinlich, nämlich pervers. Zu Recht haben Jäger und Angler nicht das beste Image, vor allem, wenn sie dann auch noch:
- stundenlang schweigend an trüben Tümpeln herumsitzen
- blöde Hüte und Westen tragen
- Fische angeln und sie dann noch nicht mal essen, sondern im verletzten Zustand wieder ins Wasser schmeißen
- bescheuerte Fachausdrücke benutzen
- sich gegenseitig gern mit Wildschweinen verwechseln und sich dann eine Schrotladung in den Hintern jagen.

Den Mount Everest besteigen
(und dort die schöne Gegend vermüllen)

Macht inzwischen jeder: Hausfrauen, Rentner, Blinde und Beinamputierte. Die Chinesen planen bereits eine Asphaltstraße bis zum Basislager eins. Dort kann man parken, den Rest erledigen die Sherpas. Die schleppen alle Klamotten hoch, bei Bedarf sogar den erschöpften Bergsteiger selbst. Oben dann Fototermin. Pauschalreisen dieser Art werden schon zum Schnäppchenpreis von 25 000 Euro angeboten.

Besonders peinlich: Sich dann doch überschätzt haben, auf dem Berg sterben und anschließend die nächsten 100 Jahre als »Mahnmal gegen Übermut« tiefgefroren am Wegesrand liegen bleiben.

Nacktwandern

Solange sich die Nudisten in klar abgegrenzten Arealen aufhalten, geht's ja noch – obwohl es schon seltsam genug ist, wenn erwachsene Leute davon schwärmen, wie toll es sei, auf einem riesigen FKK-Campingplatz zu zelten oder morgens nackt beim Bäcker anzustehen. Peinlich, wenn der Exhibitionismus missionarischen Charakter bekommt oder die Nackten sich auf Wanderwegen oder in Straßencafés (wie etwa in San Francisco) ausbreiten.

Eine Autobiografie schreiben

Eine Autobiografie zu schreiben, im Selbstverlag oder bei Books on demand zu veröffentlichen, ist ohne Zweifel ein elementares Menschenrecht. Doch interessiert es auch jemanden, ist es in irgendeiner Weise historisch relevant? Die meisten Autobiografen überschätzen ihre historische Bedeutung. Auch die unzähligen Promi-Autobiografien sind überwiegend nichtssagend und zeugen eher von peinlicher Egomanie. Vielleicht liegt es aber auch am Zeitgeist, der allen verspricht: Jeder ist ein Künstler. Besonders schlimm ist es, wenn das banale Machwerk dann bei sämtlichen Freunden, Bekannten und Verwandten auf dem Geburtstags- oder Gabentisch landet. Die stehen dann vor der Wahl, es gequält lächelnd anzunehmen, oder einzugestehen, dass sie schon drei Exemplare besitzen (und keines davon gelesen haben).

Moderne Kunst sammeln

Alle, aber auch wirklich alle, sammeln heutzutage Kunst: der IT-Jungunternehmer, der abgewrackte Hollywood-Schauspieler, der Ex-Mafioso, der gelangweilte Millionenerbe. Und alle sammeln das Gleiche, die Blue Chips der Postmoderne, öde, abgestandene Pop-Art von Warhol & Co, Riesenfotos von Struffski, Großkotz-Kitsch à la Jeff Koons usw.

Irgendeinen Blödsinn sammeln
(und das Haus damit vollstopfen)

Altmodisch, aber wenigstens mit historischer Kenntnis verbunden: Die Briefmarken- und Münzsammlung, die Sammlung antiquarischer Bücher, wenngleich den Sammler die Aura des verklemmten Pedanten umgibt. Peinlich jedoch, wenn sich der Sammeltrieb in Kollektionen vollkommen banaler Gegenstände manifestiert: Bierdeckel, Diddlmäuse, Nippesfiguren *from all over the world*. Vitrinen, vollgestopft mit Spielzeugtrucks und nie benutzten Cocktailgläsern, verstaubte Setzkästen mit Schlümpfen, Korkpinwände, die sich unter der Last angehefteter Postkarten und Rabattgutscheinen durchbiegen. Hier lauert schon der Messie im Hintergrund, der dann wirklich alles sammelt, ausgelesene Gratiszeitungen, rostige Kronkorken, leere Saftpackungen ...

Sich andauernd tätowieren lassen

Wer dauernd mit neuen Botschaften auf dem Körper aufwartet, sendet vor allem die Botschaft aus: Ich habe zu viel Zeit. Oder zu viel Geld. Oder beides. Zu den peinlichsten Tattoosünden gehören missverstandene asiatische Weisheiten und Zeichen, kitschige Tribaltattoos, Rechtschreibfehler in Namen und Schriftzügen. Auch die Promis könnten sich hier anspruchsvollere Bilderstecher leisten. So läuft Rihanna mit dem Schriftzug »rebelle fleur« am Hals herum, was übersetzt so viel wie »Rebell Blume« bedeutet, sicherlich aber »rebellische Blume« hätte heißen sollen. David Beckham plante, sich den Namen seiner Frau Victoria in Sanskrit auf den Arm stechen zu lassen. Der Tätowierer schrieb den Namen Victoria falsch. Jetzt heißt es »Vihctoria«.

Richtig peinlich werden Tattoos, wenn sie nicht mehr den aktuellen Geisteszustand oder Familienstand repräsentieren: Namen von Verflossenen, denen man einmal »ewige Treue« geschworen hat; unschön ebenso Möchtegern-Knacki-Tattoos, Hakenkreuze und Rote-Armee-Fraktion-Embleme. So etwas muss dann mühevoll entfernt werden, und gerade die Reste wecken erst recht die Neugier des Betrachters. Auch Hollywood-Schönheit Megan Fox entschloss sich kürzlich zu einer schmerzhaften Korrektur ihres Weltbildes. Die US-Schauspielerin ließ sich ein Porträt von Marilyn Monroe auf ihrem Arm entfernen. Marilyn, erklärte Megan der Presse, »war eine negative Person. Sie war gestört, labil. Ich möchte diese Art negativer Energie nicht anziehen in meinem Leben«.[81]

Selbstgebastelte Dekoration

In diese Kategorie fallen die berüchtigten Materialpimpeleien aus eigenartigen Rohstoffen, oftmals in endlosen Stunden in der Freizeit hergestellt, und die am Ende doch so unendlich grauenhaft aussehen, etwa Assemblagen aus Kronkorken, Bierdeckeln, CD-Rohlingen, Stoffresten; oder zerbröselnde, staubbedeckte Sträuße aus Trockenblumen, missratene Figuren aus Backofenknete usw.

Heimwerker-Inferno

Der Hobbykeller ist der traditionelle *Panic Room* des Mannes. Dort wurden und werden dann die heftigsten Anschläge auf den guten Geschmack ausgeheckt, hier eine kleine Auswahl:

- Einziehen von niedrigen Zwischendecken, bis aus den hohen Altbauräumen ein veritabler Kaninchenbau geworden ist
- hässliche Kunststoffschindeln auf Fachwerkaußenwänden
- exzessive Wärmedämmung: Das Gebäude ist nun hermetisch versiegelt, mit dem Resultat: Schimmelpilze an der Wand, aus der Decke tropft das Wasser und der Hausschwamm wuchert unterm Dach
- mit Hochglanzacrylfarbe überstrichene Fliesen
- Mustertapeten, aufgeklebte Folien mit Holzmaserung oder Klinkerstruktur
- Wohnzimmerwände in »rustikaler« Reibeputzgestaltung (wie beim »Griechen« um die Ecke)
- Profilholzwand- und Deckenvertäfelung, die den gesamten Wohnbereich in eine Finnische Sauna verwandelt
- »mediterranes Wohngefühl« durch terrakottafarbene Pigment-Lasur in Wischtechnik
- akute Anbaumanie: Konstruktion immer neuer Anbauten, Garagen, Carports, Schuppen, Hundehütten, bis das ganze Grundstück komplett überbaut ist und wie eine Deluxe-Favela aussieht.

Gartennazis

Gemeint sind Gartengerätefetischisten, die für jeden Handgriff ein lärmiges, energieverschlingendes Gerät angeschafft haben: Rasenmäher, Motorsäge, -sense, -heckenschere, Astschneider, Laubbläser, Schredder usw. Und weil sie nun mal da sind, müssen diese Geräte auch ständig werden – im Garten gibt's ja immer was zu tun. Hinzu kommen Pflanzen- und Insektengifte, die in apokalyptischer Dosierung eingesetzt werden. Peinlich hoch zwei: Der stolze Schrebergärtner, der all diesen Wahnsinn auch noch auf kleinstem Raum veranstaltet, umgeben von den getrimmten Hecken und Stacheldrahtzäunen seiner Nachbarn.

Verschwörungstheoretiker werden

Meinungsfreiheit hin oder her: An manchen Punkten wird klar, dass jemand die Grenzen der Rationalität überschritten hat und sich in das finstere Reich der verbitterten, spinnerten, linksradikalen, rechtsextremen, islamistischen oder christlich-fundamentalistischen Verschwörungstheoretiker begeben hat.

Peinlich wird's, wenn alte Freunde oder Bekannte mit gesenkter Stimme (»Abhörgefahr!«) und bedeutungsschwangerer Miene Folgendes behaupten:

- »Die USA haben 9/11 selbst inszeniert«
- »Die Juden beherrschen die Welt«
- »Elvis/Jim Morrison/Osama Bin Laden lebt«
- »Der Weltuntergang steht unmittelbar bevor« (Maya-Kalender, Supernova, Gammablitz, Kometeneinschlag, Invasion Außerirdischer usw.)

- »In Kürze wird ein Messias erscheinen« (noch bedenklicher: »Ich *bin* der Messias«).

Lächerliche Sportarten ausüben

Manche Sportarten oder im weitesten Sinne sportliche Handlungen in der Öffentlichkeit sehen irgendwie komisch aus. Es fällt einfach schwer, sich daran zu gewöhnen: Etwa dieses stets eilige, wichtig-geschäftig wirkende Nordic Walking, das Radeln im Liegefahrrad oder das schneckenartige Aquajogging (überhaupt bieten manche Aquafitness-Kurse ein eigenartiges Bild: Überwiegend ältere Damen, die im hüft- oder brusthohen Wasser zu Discoklängen der 1980er und 1990er exerzieren *(It's raining men)*, gedrillt von einer sehnigen Fitnesstrainerin am Beckenrand. Hier wäre der Sound von Peter Alexander oder Florian Silbereisen sicher angebrachter).

Peinlichkeit entsteht oft dann, wenn jemand eine Sportart ausübt, die für sein Alter oder Geschlecht unpassend ist, etwa:
- als 40-Jähriger im Snowboard-Anfängerkurs
- als Mann in der Tribal-Style-Bauchtanzgruppe
- als Akademikerin beim Women Wrestling in der US-Fantasy-League.

KAPITEL 10

DIE PANIK VOR DER PEINLICHKEIT

Too shy shy hush hush … –
Schüchternheit & Schamalarm

Es ist ein Paradox: Während es, im Vergleich zu den vergangenen Jahrhunderten, immer weniger strenge Regeln für das Benehmen und Zusammenleben zu geben scheint, während der Einzelne, befreit von Klassen- und Standesgrenzen, eigentlich immer weniger Angst davor haben müsste, auf blamable Weise gegen irgendwelche Regelwerke, Dresscodes und Sprachformeln zu verstoßen, ist die Angst vor der Peinlichkeit proportional mit der persönlichen Freiheit gewachsen. Nun wird es nämlich immer schwieriger, zu erkennen, was in welchen Kreisen als cool oder peinlich gilt. Und die Maßstäbe können sich, je nach Milieu und Mode, schnell ändern. Der Einzelne lebt nun mit der ständigen Angst, von den Wendungen des Zeitgeistes abgehängt zu werden, plötzlich mit seinen Ansichten und seinem Erscheinungsbild »out« zu sein. Die Übertretung dieser informellen und wechselhaften Gebote, schrieb Ulrich Greiner in der *Zeit*, »führt nicht mehr, wie zu Zeiten der Schuldkultur, in die tragische Katastrophe, sie führt lediglich zu einem Gefühl persönlichen Versagens. Die Mechanik der Peinlichkeitskultur ist nicht mehr tragisch, sondern komisch.«[82]

Es gibt verschiedene Strategien, mit der Angst vor der Lächerlichkeit umzugehen bzw. Peinlichkeiten gänzlich zu vermeiden – jeder verfolgt oder sucht dabei seine eigene. Ei-

nige dieser Methoden sollen im Folgenden vorgestellt werden, wobei das eine Extrem in einem ängstlichen Vermei-
dungsverhalten zum Ausdruck kommt, das andere Extrem
in der aggressiven Vorwärtsverteidigung. Doch beide Verhaltensweisen haben gravierende Folgen für das Sozialleben der
Betroffenen.

Zunächst zum ersten Extrem, in seiner milden Variante auch
als Schüchternheit bekannt. Die Schamangst vor einer bevor-
stehenden oder theoretisch möglichen peinlichen Situation
kann allerdings auch zum charakterbildenden Zug werden,
zu einer solch starken Ausprägung der Schüchternheit, dass
sie die Grenze zur Sozial- und Kontaktangst überschreitet. Je
nach Diagnosekriterien gelten bis zu 15 Prozent der Bevölkerung als schüchtern, auch Prominente wie Hollywood-Star
Johnny Depp sind darunter, der der Presse gerne erzählt:
»Ich bin schüchtern, richtig paranoid. Ich hasse meine Be-
rühmtheit.« Laut wissenschaftlichen Statistiken ist die Zahl
der Schüchternen in den letzten Jahren um gut zehn Prozent
gestiegen, auch oder gerade Jugendliche und Studenten sind
davon betroffen – ein Trend, der offenbar mit der Zunahme
virtueller Beziehungen und der Internetkommunikation ein-
hergeht. Unter den erwachsenen Amerikanern bezeichnen
sich gar 40 Prozent als schüchtern, auch hier deutet einiges
auf steigende Zahlen hin.[83] Neben den neuen Kommunikati-
onsmitteln, die Beziehungen auf Distanz halten, spielt bei der
Zunahme der Schüchternheit die Tatsache eine Rolle, dass es
immer weniger soziale Rituale gibt. Traditionelle Rituale, die
etwa den Übergang ins Erwachsenenalter oder die Annähe-
rung der Geschlechter ermöglichen, verschwinden aus dem

Alltag. Die Betroffenen verlernen die direkte Kontaktaufnahme, besonders zum anderen Geschlecht, worauf das Phänomen der *date anxiety* hinweist (einer speziellen Angst, sich mit einem potenziellen Partner zu verabreden), oder sie erlernen sie nicht mehr in einem befriedigendem Maß, so dass sie Begegnung *face to face* ab einem bestimmten Zeitpunkt geradezu vermeiden.

Unter Fachleuten wird Schüchternheit als genetisch bedingtes Persönlichkeitsmerkmal angesehen, als angeborenes Temperament, das sich in der Kindheit in zwei Formen manifestiert: erstens beim Säugling in einer Angst vor Fremden, die sich in somatischen Symptomen äußert, zweitens bei Kindern ab vier Jahren, die eine mit kognitiven Symptomen verbundene soziale Angst ausbilden. Die angeborene Schüchternheit im Säuglingsalter, das »Fremdeln«, ist eine Schutzmaßnahme gegenüber Fremden, die bei fast allen Kindern vorhanden ist. In der Kindheit und Jugend macht die große Mehrheit der Bevölkerung Phasen intensiver Schüchternheit durch (nur weniger als fünf Prozent äußern die Meinung, niemals schüchtern gewesen zu sein), doch verliert sich die Befangenheit im Erwachsenenalter. Von Schüchternheit als Charakterzug kann man also nur dann sprechen, wenn sie auch im Erwachsenenalter stark präsent ist, sprich: eine Schüchternheit, die sich nicht nur in der Angst vor einem »großen Auftritt« manifestiert, sondern selbst dann zu Schamreaktionen führt, wenn es nur darum geht, eigene Positionen und Interessen zu benennen, zu widersprechen oder zu streiten.

Auch Menschen, von denen man es gar nicht erwartet, können im Kern sehr schüchtern sein und zu dem paradoxen Verhalten neigen, ihre Schüchternheit durch lautes und andauerndes Reden, durch exhibitionistische Selbstdarstellung und permanente Kaspereien zu überdecken. Man glaubt es kaum, wenn jemand wie Jessica Alba gesteht: »Mir ist es peinlich, im Mittelpunkt zu stehen!« Oder wenn Lady Gaga verkündet: »Bei neuen Leuten bin ich sehr schüchtern. Deshalb lerne ich auch kaum andere Künstler kennen.« Robbie Williams ließ verlauten: »Ich bin schüchtern und hasse mich dafür!« Zur »Opfergruppe« gehören auch Schauspieler wie Robert DeNiro, der als Jugendlicher heftig unter Schüchternheit litt, oder Tom Hanks, dem in jungen Jahren von Schulpsychologen empfohlen wurde, eine Theatergruppe zu besuchen, um zu lernen, mehr aus sich herauszugehen. Der deutsche Schauspieler Ulrich Matthes ist sogar überzeugt, dass eine tiefsitzende und anhaltende »Schamhaftigkeit« die Grundlage für gute Schauspielkunst sei. Nur wenn man sich über den Akt des Exhibitionismus, der jedem öffentlichen Auftritt zugrunde liege, im Klaren sei, könne man den Mut aufbringen, seine Schüchternheits- und Peinlichkeitsgefühle bei jedem Auftritt, in jeder Rolle aufs Neue zu überwinden und somit eine intensive Bühnenpräsenz gewinnen.[84] Nicht wenige Stars halten sich im innersten Wesen für sehr schüchtern. Julia Roberts behauptete beispielsweise, vor ihrer Karriere »eine unglaubliche Schüchternheit« überwunden zu haben. Die romantischen Vampire Robert Pattinson und Kristen Stewart schließen sich da an. Pattinson sagte über sich: »Ich war wahnsinnig scheu und hatte kaum Selbstbewusstsein«, während Stewart glaubte, in ihrer Zurückhaltung läge auch der Grund, dass viele sie für arrogant hielten. Wenn man sich diese Bekenntnisse durchliest, mag man das kaum glauben – die Behauptung der Stars und Medienlieblinge, unter Schüchternheit zu leiden, erscheint hier wie ein Versuch, auf diese Weise authentisch zu wirken – Teil einer PR-Strategie, um Bodenhaftung, den *human touch*, zu inszenieren. Eine Altmeisterin in diesem Fach war Prinzessin Diana. Besonders in der Trennungsphase lieferte sie sich einen regelrechten Bilderkrieg mit Ehemann Prinz Charles. Sie war höchst versiert im Umgang mit Medien, suchte den großen Auftritt – und schaffte es dennoch, stets als das zartfühlende, scheue, schüchterne Wesen mit dem Rehblick zu erscheinen. Trotz allen Misstrauens – es fällt schon auf, dass sich paradoxerweise sehr viele Schauspieler zur Schüchternheit bekennen. Es ist offenbar wirklich so, dass das Spielen einer fremden Rolle, das Ausführen von Handlungen, die durch das Skript festgelegt wurden, eine Art Schutz für Schüchterne bieten kann. Sie verbergen ihre eigentlichen Gefühle, indem sie permanent jemand anders spielen, sie verstecken sich hinter den Charakteren, die sie verkörpern, sie verbergen ihre sonst auffälligen, zwanghaften »Sicherheitsmaßnahmen« in den einstudierten Handlungen und Texten, die die Regie vorgibt. Wenn sie auf der Bühne stehen, werden sie vielleicht denken: »Das bin ich nicht, und niemand will jetzt wissen, wer wirklich hinter dieser Rolle steckt.« Die Schauspielerei im grellen Scheinwerferlicht bietet gerade extrem Schüchternen die perfekte Maske, hinter der sie sich sicher fühlen. In milderer Form gilt dies für alle Berufe, bei denen man stets feste Regeln zu beachten hat. So kann ein schüchterner Mensch durchaus im Servicebereich oder in kommunikativen Berufen, etwa an der Hotelrezeption, tätig sein, solange er jeden Arbeitsschritt nach einem festgelegten Prozedere ableisten kann, solange es für jeden Vorfall eine entsprechende Vorschrift gibt. Schwierig wird es nur dann, wenn man plötzlich improvisieren muss, selbst eine Entscheidung zu treffen hat, und dabei etwas von sich selbst preisgeben muss – eine Emotion, einen Ausdruck der Unsicherheit, ein Zugeben von Unwissenheit.

Zurück zu den schweren Fällen von Schüchternheit, zum Teufelskreis der Schamangst: Die Angst vor möglichen Blamagen macht schüchtern, und weil dies den Betroffenen bewusst ist, fühlen sie sich beschämt. Sinnbildlich wird dieser Vorgang im Erröten wiedergegeben, oder besser: in der Angst vor dem Erröten. Alle Anstrengungen, das Erröten zu verhindern oder zu verdecken, vergrößern nur das Problem und lenken die eigene und fremde Aufmerksamkeit erst recht auf den gequälten Schüchternen. Zu den unangenehmen Folgen der Schamangst gehören auch sich selbst erfüllende negative Prophezeiungen. Etwa die ängstliche Erwartung, impotent oder frigid zu sein. Diese lenkt die Aufmerksamkeit von der Partnerin oder dem Partner ab und konzentriert sie auf die eigenen Körperfunktionen, die gerade dadurch gestört werden und »versagen«. Der Schüchterne vermeidet unter allen Umständen, aufzufallen (selbst Lob kann er nur schwer ertragen), doch je mehr er sich versteckt, desto größer wird die Angst, »entdeckt« zu werden und im hellen Scheinwerferlicht des öffentlichen Interesses zu stehen. Die Vermeidungsstrategie der Schüchternen verstärkt deren Qual eigentlich nur.

Oder man resigniert und richtet sich in diesem Zustand ein. So trauen sich manche Männer erst gar nicht an die Frauen heran. Die Vorstellung, eine Frau könnte nein sagen oder lachen, wäre der absolute Horror für sie, die Bestätigung, dass sie der Liebe prinzipiell nicht würdig seien. Die sogenannte *love shyness* charakterisiert das Verhalten von Menschen, die auf sexuellem Gebiet eine Anlaufzeit von Jahren oder Jahrzehnten benötigen. Manche von ihnen bleiben gar ihr Leben lang asexuelle *absolute beginners*. Diese Männer und Frauen leben lieber weiter im Reich der vagen Hoffnungen, als konkrete Anstrengungen der Partnersuche zu unternehmen. Schüchterne hoffen, von ganz allein und ohne große Worte erkannt, verstanden und geschätzt zu werden. Ihre Kontaktangst, verbunden mit der Einbildung, stets argwöhnisch beobachtet, abgelehnt und missverstanden zu werden, führt dazu, dass viele Schüchterne einen verschrobenen oder arroganten Eindruck vermitteln und ihre positiven Eigenschaften nicht geltend machen können. Denn zweifellos gibt es positive Seiten der Schüchternheit.

Und eigentlich, so ist in einem Selbsthilfe-Onlineforum für Betroffene zu lesen, beruhten die Probleme von Schüchternen vor allem auf – wenn auch übertriebenen – positiven Eigenschaften:

- Sie denken nach, bevor sie etwas tun – leider zu viel, um es tun zu können.
- Sie machen ihre Aufgaben gut – leider zu gut, um sich keine Kritik einzufangen.
- Sie nehmen Rücksicht auf andere – dabei leider nicht auf sich.

- Sie drängen sich nicht in den Vordergrund – dafür leider in den Hintergrund.
- Sie unterdrücken niemanden – nur leider sich selbst.[85]

Der Fluch der Kontaktangst

Weit gravierender als Schüchternheit ist die Soziale Phobie (auch Soziale Angststörung genannt) – ein Leiden, das schon zur Zeit der Antike von Hippokrates beschrieben wurde, und in dessen Zentrum die wahnhafte Angst steht, vor anderen als lächerlich zu gelten, bzw. mit lächerlichen körperlichen Angstreaktionen aufzufallen. Diese Menschen fürchten sich beispielsweise, mit Fremden, Angehörigen des anderen Geschlechts oder mit Autoritätspersonen zu sprechen, sie haben Angst, in der Öffentlichkeit zu essen, ihre Hände zu benutzen, angesehen oder angesprochen zu werden, sie fürchten sich vor unkontrollierbaren Reaktionen ihres Körpers, die sie der Lächerlichkeit preisgeben würden. Tatsächlich ist es aber erst die Angst, die die mitunter auffälligen körperlichen Symptome verursacht, wie etwa Zittern, Schwitzen oder Atemnot. Die Störungen können über einen langen Zeitraum anhalten oder wiederkehren. Zudem erkranken viele Betroffene noch zusätzlich an einer Depression oder werden abhängig von Alkohol, Beruhigungsmitteln oder anderen Drogen bzw. Medikamenten, welche die erwähnten Symptome überdecken oder verdrängen sollen.

Es gibt eng definierte Sozialphobien wie die Furcht vor öffentlichem Sprechen und Essen, sie sind aber eher selten. Am häufigsten ist die allgemeine Sozialphobie, die alltägliche soziale Aktivitäten betrifft, z. B. an Partys oder Familienfesten teilzunehmen, anderen zu schreiben, neue Kontakte zu knüpfen oder eine Unterhaltung mit Vorgesetzten, Kollegen oder Nachbarn zu führen. Einige Betroffene versuchen, die gefürchteten Situationen und Plätze so gut wie möglich zu meiden, andere ziehen sich völlig zurück – mit gravierenden Auswirkungen auf ihre berufliche Zukunft, Freundschaften und mögliche Partnerschaften. Es folgen häufig Schulabbruch, Einsamkeit, Partnerlosigkeit, Arbeitslosigkeit. Oft üben Betroffene Tätigkeiten aus, die sie fachlich unterfordern, weil sie so unauffällig bleiben können. Zu den wichtigsten Risikofaktoren für diese Erkrankung zählen die sogenannte Verhaltenshemmung (eine genetische Veranlagung zu Angst und Rückzug in ungewohnten Situationen); eine Übertragung innerhalb der Familie durch Modelllernen; ein übermäßig behütender Erziehungsstil bei gleichzeitiger mangelnder emotionaler Zuwendung; und schließlich auch traumatische Erlebnisse der Demütigung und Lächerlichkeit.

Soziale Phobien sind keineswegs seltene oder exotische Erscheinungen, die Häufigkeit der Erkrankung liegt bei etwa vier Prozent, bezogen auf die Gesamtbevölkerung. Einige Untersuchungen ergaben, je nach diagnostischen Kriterien, Untersuchungsmethoden und untersuchten Altersgruppen, beachtliche Prävalenzraten (diese Raten sagen aus, wie viele Menschen einer bestimmten, zahlenmäßig klar definierten Gruppe erkrankt sind) von bis zu 12 Prozent, eine neue Studie der Technischen Universität Dresden sogar einen Wert von 14 Prozent[86], wobei Frauen offenbar eine etwas höhere Lebenszeitprävalenz aufweisen als Männer. Es gibt auch Anzeichen dafür, dass sich die Krankheit in den letzten beiden

Jahrzehnten ausgebreitet hat.[87] Sozialphobiker leiden unter einer exzessiven Selbstaufmerksamkeit, unter einer verzerrten Vorstellung des sichtbaren Selbst, und zwar in einem Ausmaß, das die Aufnahme realistischer Informationen nahezu gänzlich verhindert. Welchen Eindruck sie auf andere zu machen glauben, ermitteln sie ganz aus internen Empfindungen. Damit befinden sie sich in einem hermetischen System, in dem sie die »Beweise« für ihre Befürchtungen selbst produzieren und alle Informationen von außen in einer negativen Weise interpretieren. Daher betonen sie stets die negativen Reaktionen der Umwelt, deuten neutrale oder ambivalente Zeichen stets als Zurückweisung. Zu den festen Überzeugungen der Phobiker gehört etwa die Vorstellung, man sähe ihnen ihre Unsicherheit und Angst überdeutlich an. Manche von ihnen müssen sich zwanghaft in eine Beobachterposition hineinversetzen, aus der sie sich selbst gnadenlos betrachten – wer Angst vor dem Erröten hat, sieht sich selbst mit feuerrotem, ballonartig aufgedunsenem Gesicht, jemand, der Angst hat, vor Gruppen zu sprechen, glaubt aufgrund der starken Anspannung der Gesichtsmuskulatur, einen verzerrten, geradezu debilen Gesichtsausdruck zu haben.

Ulrich Stangier, Professor für Klinische Psychologie und Psychotherapie an der Goethe-Universität Frankfurt hat in seinem Standardwerk *Soziale Phobie* einmal einige (einander eigentlich widersprechende) Grundüberzeugungen eines typischen Sozialphobikers aufgelistet:

- Ich bin anders als die anderen.
- Ich bin langweilig, unattraktiv, inkompetent, lächerlich, ich bin nicht liebenswert.

- Andere erkennen meine Schwächen sofort und lehnen mich ab.
- Deshalb muss ich immer alles richtig machen.
- Ich muss immer den Erwartungen der anderen genügen, d. h.: Ich muss immer intelligent, interessant, witzig wirken.
- Ich muss cool, gelassen, souverän sein, alles im Griff haben.
- Ich muss mich immer kontrollieren, um nicht aufzufallen.

Der Phobiker geht davon aus, dass ihm in Gesellschaft stets das Schlimmste widerfahren wird, sinngemäß wird er sich denken: »Ich werde kein Wort herausbringen. Alle werden mich anstarren. Ich werde zittern. Ich werde Dinge fallen lassen, etwas verschütten. Ich werde Schwachsinn reden. Ich werde schwitzen.« Zu allem Überfluss ist dem Phobiker oftmals auch noch bewusst, dass sein Leiden eigentlich keine rationale Grundlage hat. Verglichen mit anderen, echten Krankheiten erscheint es ihm als ein selbstgemachtes, eingebildetes, mithin »überflüssiges« Leiden. Die Angst vor der Peinlichkeit ist ihm peinlich – was die Sache umso schlimmer macht. Perfektionismus ist die Antwort des Phobikers auf seine negativen Grundüberzeugungen.

Dazu benutzt er ein System folgender alltagskompatibler Sicherheitsmaßnahmen:
- vor einer Rede Sätze im Kopf ausformulieren
- zu Übungszwecken leise (oder auf der Toilette) vor sich hin sprechen (um ein Stocken des Vortrags unter allen Umständen zu vermeiden)
- Tassen oder Gläser sehr fest halten, um ein Zittern zu vermeiden

- sich so platzieren, dass man nicht bemerkt wird
- sich so wenig wie möglich bewegen
- einen Raum, in dem sich bereits Menschen befinden, niemals allein betreten, sondern vor der Tür warten, bis man sich anderen anschließen kann
- sich stets am Rand von Gruppen oder Sitzordnungen platzieren
- nichts sagen oder, im Gegenteil, pausenlos (vorab einstudierte) Geschichten erzählen, um ja keine Pause entstehen zu lassen
- Kleidung wählen, die das Schwitzen verhindert oder verbirgt
- Kleidung tragen oder Make-up benutzen, um Erröten weniger sichtbar zu machen.

Phobiker glauben, dass allein ihre persönlichen Sicherheitsmaßnahmen eine »Katastrophe« verhindern können. Paradoxerweise rufen diese Maßnahmen gerade erst eine Reihe von Symptomen hervor, die sie eigentlich unterdrücken sollten. Wer also unter allen Umständen ein Zittern der Hände vermeiden will, verfällt in eine verkrampfte Haltung mit eckigen, ruckartigen Bewegungen. Versucht der Phobiker, durch das feste Andrücken der Arme an den Körper, Schweißflecken unter den Achseln zu verbergen, führt genau dies zu vermehrtem Schwitzen, zur dramatischen Ausbreitung der gefürchteten Flecken. Bemüht er sich verzweifelt, an einer Konversation teilzunehmen, indem er versucht, sich jedes Wort einzuprägen, überfordert er sich schnell und kann der Unterhaltung nicht mehr folgen, geschweige denn selbst reden. Versucht er, durch leises Sprechen unauffällig zu bleiben, kann es passieren, dass sich die anderen plötzlich still verhalten und sich ganz dem Sprecher zuwenden, um ihn besser verstehen zu können. Derjenige, der Angst hat, in der Öffentlichkeit etwas zu trinken, weil er glaubt, dass dann seine Hände zittern würden, hält in Gesellschaft das Glas mit beiden Händen fest, beugt tief den Kopf herunter und wendet sich von seinen Gesprächspartnern ab, um diese »riskante« Operation zu verbergen – tatsächlich erregt er mit diesen skurrilen Verrenkungen aber erst das Aufsehen, das er vermeiden wollte. Kein Wunder, dass die ängstliche Selbstbezogenheit den Phobiker bisweilen zu einem wunderlichen Zeitgenossen macht, der die befremdeten Reaktionen der anderen natürlich als Bestätigung seines negativen Selbstbildes ansieht. Sozialphobiker wirken oftmals merkwürdig, gedankenverloren und distanziert, weil sie sich auf ihre Gesprächspartner nicht einlassen können, der Fokus ihrer Aufmerksamkeit liegt stets bei ihnen selbst. Und gelegentlich erscheint der Versuch, Angstsymptome zu verdecken, als unfreundlicher, abweisender, sogar arrogant-aggressiver Charakterzug.

Totaler Rückzug – Hikikomori, Nesthocker und andere Einsiedler

In Japan breitete sich in den letzten Jahren ein Phänomen namens Hikikomori aus. Damit sind Menschen gemeint, die sich völlig in die eigenen vier Wände zurückziehen – um absurderweise dabei in manchen Fällen bis zu 24 Stunden am Tag online zu sein, teilweise sogar mit eingeschalteter Webcam. Der Psychologe Tamaki Saito, der den Begriff prägte, behauptet, es gäbe in Japan bereits mehr als eine Million Hikikomori. Das Gesundheitsministerium dagegen gibt in einer vorsichtigeren Schätzung nur 50 000 »Erkrankte« an, ein Drittel davon älter als 30 Jahre. Ein realistischer Wert liegt vermutlich im Bereich von 600 000 bis 700 000.[88] Eine Hikikomori-Laufbahn beginnt in der Regel als Schulschwänzer infolge von Mobbing oder Leistungsüberforderung. Die Angst vor einem blamablen Versagen an der Schwelle zum Erwachsenwerden, und die Unfähigkeit, zwischen öffentlichem Auftreten und wahrem, privatem Ich zu unterscheiden, treiben sie in die Isolation. Zu dieser Entwicklung tragen die finanziellen Möglichkeiten der wohlhabenden Mittelschicht bei, auch ein erwachsenes Kind noch gut versorgen zu können. Oftmals erkennen die Eltern den beginnenden Isolationsprozess des Kindes nicht, oder sie reagieren falsch und erschweren durch übermäßiges Umsorgen seine Abnabelung und Selbständigkeit noch. Die Unfähigkeit, allein zu bestehen, ist offenbar eine Folge des gesellschaftlichen Wandels in Japan: vom Kollektivismus zum Individualismus. Kleinfamilie und Einzelkind dominieren inzwischen weithin das Bild. Der Erwartung, als Einzelner sein Leben zu meistern, fühlen sich manche nicht gewachsen und ziehen sich nach einigen oder einem als traumatisch empfundenen Misserfolg aus der Gesellschaft zurück.[89] Die Symptome des Hikikomori-Daseins beginnen schleichend. Schrittweiser Verlust der Lebensfreude, Abwendung von Freunden, zunehmende Unsicherheit, Scheu und abnehmende Kommunikationsbereitschaft sind ernste Anzeichen. Am Ende ziehen sich Hikikomori meist in einen einzigen Raum zurück und kapseln sich völlig von der Umwelt ab. Sie verbringen den Tag mit Schlafen und sind häufig nachtaktiv. Der steigende elterliche und gesellschaftliche Druck und die Unfähigkeit, sich aus der Situation selbst zu befreien, können bei Hikikomori zu starker Frustration oder auch zu unkontrollierter Wut führen. Diese äußert sich meistens in Form von Psychoterror und durch nächtlichen Lärm. Einen Hikikomori in der Familie zu haben ist den Angehörigen wiederum äußerst peinlich, was eine hohe Dunkelziffer vermuten lässt. Die Kinder, die aus Angst vor Blamagen ihr Zimmer nicht mehr verlassen, blamieren damit wiederum umso stärker ihre fassungslosen und hilflosen Eltern. Diese verdrängen und verstecken oftmals das Problem, statt offensiv damit umzugehen und sich Selbsthilfegruppen anzuschließen. So wird eine dringend notwendige Behandlung häufig verschleppt.

Eine etwas mildere Form des gesellschaftlichen Rückzugs stellen die sogenannten NEETs dar (*Not currently engaged in Employment, Education or Training*). Mit dieser in Großbritannien entstandenen, mittlerweile aber auch international verwendeten Abkürzung werden Personen bezeichnet, die weder arbeiten, studieren noch sich weiterbilden wollen und sich von ihren Eltern aushalten lassen. Auch Japan kennt diesen Typus des »parasitären Singles« (*parasaito shinguru*), Menschen der Altersgruppe zwischen 20 und 30, die keinen eigenen Haushalt, keine eigene Familie gründen, sondern noch bei ihren Eltern leben. Diese, in den letzten Jahrzehnten stark angewachsene Gruppe umfasst mehrere Millionen und wird unter anderem für den erheblichen Rückgang der Geburtenrate verantwortlich gemacht. Einige von ihnen wollen sich dem Wettbewerb der feindlichen Außenwelt auch gar nicht mehr stellen, suchen gar keine Arbeit mehr oder nur solche mit möglichst bequemen Rahmenbedingungen und daher meist niedrigem Einkommen. Vom Hikikomori-Syndrom sind außer Japan auch bereits Südkorea und Taiwan betroffen, und Wissenschaftler gehen davon aus, dass es sich bald nach Europa ausbreiten wird. Über vereinzelte deutsche Fälle von »Einsiedlern im Kinderzimmer« berichtete der *Spiegel* bereits vor einigen Jahren. In Italien wächst laut staatlichen Statistiken der Anteil der »inaktiven« Menschen der Altersgruppe 15 bis 29 ebenfalls. Im Jahr 2010 waren über 22 Prozent der jungen Leute bei den Eltern wohnhaft, gingen weder einer Arbeit noch einer Berufsausbildung oder einem Studium nach. Der Lebensstil dieser Nesthocker, die jede Eigeninitiative aus Angst vor Zurückweisung oder Überforderung scheuen, wird als passiv und bildungsfern beschrieben, überdurchschnittlich viel Zeit verbringen die Gäste im »Hotel Mama« mit Schlafen, Fernsehen und Essen. Und für die Schweiz stellte das Gottlieb-Duttweiler-Institut in einer Studie kürzlich fest, dass es auch hier immer mehr Anzeichen für einen Nesthocker-Lebensstil in der Altersgruppe der 20- bis 30-Jährigen gibt. Die Studie spricht vom »Luxus und Zwang einer verlängerten Jugend«, vom »Leben im Moratorium«. Während die schnelllebige Arbeitswelt Unsicherheit mit sich bringe und Qualifikationen inzwischen rasch veralten, biete der relative Wohlstand und der Immobilienbesitz der Elterngeneration Sicherheit und Kontinuität.[90]

Angriff ist die beste Verteidigung –
Wie sich Schüchternheit hinter
Aggressivität und Coolness verbirgt

Schamangst wird oftmals hinter einer Vielzahl von Verhaltensweisen, Symptomen, Charakterzügen und klinischen Zuständen verborgen, viele Depressionen und Angstzustände können auf das Kernproblem »Scham« zurückgeführt werden. In vielen Fällen sind zudem paranoide Symptome, Lügensucht, Betrug und Drogenmissbrauch als sekundäre Folgen der Schamangst zu interpretieren. Es können aber auch ganz andere Reaktionen hervorgerufen werden: Aggression und offensive Beschämung anderer. Psychisch Kranke nutzen bisweilen motorische Aktivitäten wie wildes Grimassieren oder Tics, um aufkommende Verlegenheits- und Peinlichkeitsgefühle zu dämpfen. In milderer Ausprägung ist dieses Verhalten in Form nonverbaler Tics und Übersprungshandlungen verbreitet, etwa Kratzen, Kinn kraulen, auf die Lippen beißen oder die Zunge beim Sprechen herausstrecken. Hinzu kommen halbanimalische Äußerungen wie wiederholtes Grunzen, Stöhnen, unzählige »Ähs« oder unmotiviertes Lachen. Sogar Exhibitionismus kann in diesem Zusammenhang gesehen werden. Der renommierte Psychoanalytiker Léon Wurmser hat Exhibitionisten untersucht, die *vor* ihren Taten unter starken Schamgefühlen litten. Schwere Schamkonflikte können sich laut Wurmser auch in einem verächtlichen und gehässigen Wesenszug äußern. »Die Person versucht zu beweisen, dass der andere an seiner Statt hilflos und verachtenswert ist: ›Ich verspotte ihn, ehe er mich verspottet – denn ich verhöhne mich selbst am meisten.‹«[91]

Man kommt der eigenen Beschämung auf diese Weise zuvor. Besonders deutlich wird dies in Form narzisstischer Persönlichkeitsstörungen und narzisstischer Verhaltensweisen, die die eigene Idealisierung und Grandiosität zum Gegenstand haben – eine mächtige und gar nicht so seltene Gegenbewegung zum Schamgefühl. Auch der Drang, sich ständig über die Peinlichkeiten anderer zu erregen, kann in diesem Sinn als Selbstschutzmaßnahme interpretiert werden.

In einigen jugendlichen Subkulturen war und ist es gang und gäbe, sich zur Abwehr eigener Schamgefühle ein schockierendes Äußeres zuzulegen: Die eigene Hässlichkeit, Anzüglichkeit und Obszönität beschämen nun die anderen, und zwingen die Betrachter zum peinlich berührten Wegschauen – ein Pflock, der durch das Ohr getrieben wurde, eine Tätowierung mitten im Gesicht, ein kahl geschorener Schädel. Provozierende Schamlosigkeit und auftrumpfende Trotzigkeit können somit auch Reaktionen auf eine übergroße Schamanfälligkeit sein. Die am Anfang des Buches beschriebene Zweiteilung der Gesellschaft in die Gruppe der lautstarken Angeber und Narzissten, denen nichts mehr peinlich zu sein scheint, und in die Gruppe der leisen Schüchternen, die sich nicht nur für sich selbst, sondern stellvertretend für alle anderen schämen – diese beiden gegensätzlichen Phänomene haben womöglich die gleiche Ursache.

Der offensive, provokative Umgang mit Scham und Peinlichkeitsgefühlen steht im Alltag nur denjenigen zur Verfügung, die bereit sind, die eine Peinlichkeit durch eine noch größere zu ersetzen. Zur lautstarken Kraftmeierei, die oft nur so etwas wie ein ängstliches Pfeifen im Walde darstellt, gibt es eine Alternative, die ebenso weit verbreitet ist: die Strategie der Coolness. Selbstbeherrschung ist eine alte Kulturtechnik, die bereits bei den Alten Griechen als *Stoa* bekannt war. Die Affektkontrolle diente dazu, schwierige Lagen und Stress zu meistern, mithin das Überleben zu sichern, wobei dieses Konzept drei Bereiche kannte: Gezügelte Leidenschaft (Apathie), Selbstgenügsamkeit (Autarkie) und Unerschütterlichkeit (Ataraxie). Auch in späteren historischen Situationen wurde die Psychotechnik der Gefühlsbeherrschung überlebensnotwendig, etwa in der Zeit der amerikanischen Sklaverei, in der die afrikanischen Sklaven ihre Wut und Auflehnung nicht offen zeigen konnten, um nicht sofort Gewalt und Strafe auf sich zu ziehen, oder etwa in der Zeit der Weltkriege, als das grausige Kriegserlebnis von Ernst Jünger und anderen Schriftstellern und Künstlern in einer scheinbar gefühllosen, »wissenschaftlichen« und ästhetisierenden Weise beschrieben und bewältigt wurde. Im 19. Jahrhundert, das noch stark von der französischen Kultur geprägt war, galt das Konzept der *Contenance* als vorbildlich: »Was die Franzosen Contenance nennen, Haltung und Harmonie im äußern Betragen, Gleichmütigkeit, Vermeidung alles Ungestüms, aller leidenschaftlichen Ausbrüche und Übereilungen, dessen sollte sich vorzüglich ein Mensch von lebhaftem Temperamente befleißigen«, empfahl Adolph Freiherr von Knigge im Jahr 1808 seinen deutschen Lesern.[92] Die Wahrung der Contenance versprach in vielen Situationen eine pschologische Überlegenheit und konnte Misverständnisse und Eskalationen vermeiden. Zudem galt sie als Mittel der Distinktion gegenüber den ungehobelten, impulsiv agierenden Unterschichten.

Die »Coolness« trat im 20. Jahrhundert das Erbe der Contenance an. Auch für die britisch geprägte Welt, einschließlich der amerikanischen Mittelschicht, war nach der Auflösung der viktorianischen Werteordnung ein neuer Verhaltensmodus notwendig geworden, ein neues Gefühlsmanagement: »Coolness ist zum emotionalen Deckmantel geworden, der die gesamte Persönlichkeit vor dem peinlichen Übermaß an Gefühlen schützt«, so der amerikanische Historiker Peter N. Stearns, für den Coolness ein wichtiger emotionaler Stil des 20. Jahrhunderts gewesen ist.[93]

Die demonstrative Selbstbeherrschung tritt in der Moderne und Postmoderne stets im Zusammenhang mit einer ästhetischen Inszenierung auf – zum entsprechenden Auftritt gehören Mode und Haltung, lässige Gestik und kontrollierte Mimik, Stil bzw. absichtlicher Stilbruch, »coole« Sprache oder Schweigsamkeit. Zum Coolsein der 1960er oder 1980er gehörte es eben auch, dabei gut auszusehen. Nach einer dominanten und letztlich zur Masche verflachten Coolness der 1980er kam es in den letzten Jahren verstärkt zu einer Neuentdeckung des Stoa-Konzeptes, wenn auch versehen mit fernöstlichen spirituellen Elementen. »Coole Attribute und Strategien«, so Annette Geiger in ihrer medientheoretischen Abhandlung über Coolness, gingen in die »Lebenskunst- und Meditationstechniken eines westlich verwässerten Wellnessbuddhismus« ein.[94] Die geborgte asiatische Weisheit und die kommerziell vermarktete »Innere Ruhe« des Esoterikzeitalters tragen heutzutage das Erbe von Coolness und Contenance in sich.

Coolness als Lebensform – das war und ist stets eine Gratwanderung. Einerseits bewegt sich diese Art von Selbstinszenierung oftmals nahe der Selbstzerstörung. Andererseits ist sie aber auch ein Akt der Selbstbehauptung und -stabilisierung. Dabei sind Vorbilder in Film und Musik äußerst wichtig. Sie liefern die Muster, nach denen sich dann Unzählige als »cool« inszenieren, mithilfe der Mode, der Musik, der übernommenen Ausdrucksweise oder gar der Art zu rauchen. Letztlich stellt sich aber bei den zahlreichen Abziehbildern von Humphrey Bogart, John Travolta, den Blues Brothers, Eminem oder 50 Cent die Frage, inwieweit hier noch ein authentisches Wesen zum Vorschein kommt, oder ob es sich nicht eher um zweitklassige, lächerliche Kopien handelt. Und so endet der Versuch, sich in Anlehnung an bewunderte Filmhelden und Musikstars eine unwiderstehliche Coolness anzueignen, oftmals in Peinlichkeit.

Schlusswort:
Cool werden oder sich dreimal täglich blamieren?

Nun haben wir Peinlichkeit nach Peinlichkeit Revue passieren lassen und dennoch nur ein Bruchteil des Phänomens sichtbar machen können. Denn wir haben nur die wenigen Fälle (oder, besser gesagt Unfälle) dokumentiert, in denen das Malheur schon unübersehbar geworden war. Doch das ist nur die Spitze des Peinlichkeits-Eisbergs. Wir sollten nicht vergessen, dass der größte Teil unter der Oberfläche verborgen liegt – und damit sind alle Anstrengungen, Verhaltensweisen und Ausreden gemeint, die nur das eine Ziel haben: peinliche Situationen zu vermeiden. Stellen Sie sich nur vor, wie viele Handlungen, Kontaktaufnahmen, Gespräche schon von vornherein unterbleiben, weil man die Blamage fürchtet! Zwar gilt das Peinlichkeitsempfinden einerseits, wie wir gesehen haben, als Errungenschaft des Zivilisationsprozesses, es macht das Leben kultivierter, kontrollierter, konfliktfreier, doch andererseits kann es uns um viele Chancen bringen, wenn die Angst vor der Blamage uns hemmt und sich wie ein Gewicht auf unsere Brust legt. Selbst, wenn es zunächst abwegig klingt: Das Peinlichkeitsempfinden ist eine nicht zu unterschätzende unerkannte Macht – eine Macht, die unser Alltagsleben in viel stärkerem Maße beeinflusst, als wir es uns vorstellen können.[95]

Nun, am Ende unserer Tour de Blamage angekommen, steht das Fazit: Das, was wir als peinlich empfinden, ist von unserer Sozialisation bestimmt, also einerseits kultur-, schichten-, generationen- und geschlechterspezifisch – aber letztlich auch, in der für jeden Menschen einzigartigen Kombination von Erfahrungen, absolut individuell. Denn von Kindesbeinen an speichern wir Szenen und Situationen, die unser Peinlichkeitsempfinden prägen und in unseren ganz eigenen »Missgeschickskatalog«. In diesem persönlichen Panorama der Peinlichkeiten, in das wir unsere Mitmenschen nur sehr begrenzt Einblick gewähren, spiegeln sich alle Ansprüche, die wir an uns selbst und an andere stellen.

Nicht von ungefähr gelten Peinlichkeitserlebnisse als Handlungsverstärker. Sie sind stark mit Emotionen verbunden, und an diese Erregungszustände erinnern wir uns oftmals noch lange zurück. Peinliche Erlebnisse prägen uns häufig viel nachdrücklicher als Belobigungen oder Strafen. Blamagen motivieren im besseren Fall dazu, in sich zu gehen, die gesellschaftlichen Regeln künftig genauer zu beachten, produktiv an sich zu arbeiten. Im schlechteren Fall schockieren oder gar traumatisieren sie uns, so dass wir uns ängstlich zurückziehen. Im schlimmsten Fall setzt der Beschämte seinem Leben (oder dem Leben anderer) ein Ende, weil er glaubt, der Schaden, den er angerichtet habe, sei irreparabel und die erlittene Schande könne nie vergessen werden. Hier ist aus der Peinlichkeit eine existenziell bedrohliche Beschämung geworden.

Doch zurück zu den weniger gravierenden Blamagen: Beim Blick auf die Geschichte der Peinlichkeit haben wir gesehen, dass das Peinlichkeitsempfinden im Grunde ein Mittelschichtsphänomen, eine bürgerliche Errungenschaft ist. Der Adel, aber auch die neureichen Gangster und Tycoons setzten sich zu allen Zeiten kalt lächelnd darüber hinweg. Deren Devise lautete schlicht: »Never explain, never complain«. Das anhaltende Bedürfnis nach allen möglichen Verhaltensratgebern, Dresscodes und Knigges ist offenbar Ausdruck einer Verunsicherung der Mittelschichten, Merkmal eines speziell bürgerlichen Bildungshungers, der einzig darauf abzielt, Peinlichkeiten unter allen Umständen zu vermeiden. Der Schweizer Psychoanalytiker Peter Schneider urteilte über den gegenwärtigen Hype der Benimm- und Stilberatungsliteratur: »In den heute so beliebten Stilfragen zeigen sich lediglich ein sehr kleinbürgerlich anmutender, eiserner Wille zur gesellschaftlichen Distinktion und ein biestiges Ressentiment gegenüber der Stillosigkeit der jeweils anderen.« Und peinlich stillos, so könnte man ergänzen, werden vor allem die Unterschichten empfunden, von denen man sich durch Äußerlichkeiten abgrenzen will (vielleicht auch aus der Angst heraus, irgendwann selbst dazuzugehören). Dies scheint eminent wichtig zu sein in einer Zeit, in der die »Impressions-Management-Strategien« und die »Kompetenzdarstellungskompetenz« des Einzelnen unverzichtbar geworden sind – schließlich zählt Selbstdarstellung und Imagepflege zu den Schlüsselqualifikationen der Gegenwart. So wird das Streben nach dem perfekten, stets »professionellen« Verhalten zur Zwangsjacke, zum Dressurakt.

Dabei hat die Blamage durchaus auch ihren Wert. Denn wer die Selbstkontrolle im Alltag allzu stark perfektioniert, bringt sich um den Nutzen der als peinlich empfundenen Emotionen. Und derartige Gefühle dienen als elementare, spontane Lagebeurteilungen des Individuums im Zusammenspiel mit seiner Umgebung. Auf diese Weise beraubt man sich einer wichtigen sozialen Orientierungshilfe, wie auch der Soziologe und Gestalttherapeut Hans Peter Dreitzel meint.[96] Für all die Schüchternen und Gehemmten, die Perfektionisten, die zwanghaft Ordentlichen und Oberkorrekten sollte daher nicht ein weiterer Knigge unter dem Weihnachtsbaum oder auf dem Geburtstagstisch liegen. Vielleicht sollten sie eher dem unorthodoxen Ratschlag folgen, der da lautet: »Blamieren Sie sich dreimal täglich!« Denn in der Blamage liegt auch eine Art der Befreiung.

Das hört sich in der Theorie plausibel an, doch in der Realität ist es freilich nicht so einfach, seine Hemmungen, eingefahrenen Verhaltensweisen und Ängste zu überwinden. Abhilfe schaffen hier vielleicht einige bewährte Techniken aus der kognitiven Verhaltenstherapie: Zunächst geht es darum, die eigene Befangenheit oder Selbstaufmerksamkeit durch bestimmte Übungen nach und nach abzubauen. Denn der nach innen gerichtete Blick lässt die eigene Befindlichkeit als enorm wichtig erscheinen und wirkt so wie ein Hindernis, die Außenwelt objektiv wahrzunehmen oder gar mit anderen in Verbindung zu treten. Stattdessen gilt es, die Aufmerksamkeit auf andere Dinge, auf andere Menschen zu lenken. Stellen Sie sich also kleine Aufgaben, um die Beobachtungsgabe zu trainieren, achten Sie auf das Verhalten und die Sprache der anderen, versuchen Sie, Feinheiten und individuelle Unterschiede herauszuhören.

Ein wichtiger nächster Schritt besteht im Ausprobieren neuer Dinge und Handlungen. Stellen Sie sich im Alltag stets Aufgaben mit steigenden »Risiken« und stufenweise erhöhtem Peinlichkeitsfaktor. Therapeuten empfehlen, »Experimente« durchzuführen, um sich mit schwierigen Situationen zu konfrontieren, statt sie (wie bisher) zu vermeiden. Als Voraussetzung dazu sollten Sie aber zunächst erkennen, was Sie vermeiden und mit welchen Vermeidungsstrategien Sie bisher gearbeitet haben. Dann gilt es, die Angst vor der Blamage zu identifizieren und möglichst detailliert zu definieren, was Sie in peinlichen Situationen erwarten. Schließlich folgt der Sprung ins kalte Wasser. Der wichtigste und entscheidende Schritt ist nämlich, planmäßig peinliche Situationen herbeizuführen, und sie anschließend zu bewerten. »Verschärfend« können Sie noch die Symptome des Peinlichkeitsempfindens wie Zittern oder Stammeln bewusst verstärken und dann beobachten, was passiert, wie die Mitmenschen reagieren. Und

vor allem, fragen Sie sich: Tritt die Katastrophe, die Sie be-
fürchtet haben, wirklich ein?

Sie werden sehen: Womöglich ist die Blamage gar keine Katastrophe, sondern eine Chance, eine Option in Ihrem Leben, die Sie bisher noch nicht genutzt haben. Natürlich ist es
ein unangenehmes Gefühl, etwas falsch gemacht zu haben,
etwas nicht gewusst oder gekonnt zu haben. Doch gerade
Fehler sind extrem nützlich, weil man aus ihnen lernen kann.
Wer nie etwas falsch macht, hält sich vielleicht vordergründig
für kompetent und erfolgreich, tatsächlich aber erstarrt er in
Routine, wird geistig immer unbeweglicher und auf schlei-
chende Weise unfähiger. Und das, ohne es selbst zu bemer-
ken. Der peinliche Zwischenfall, das Aus-dem-Takt-Geraten,
das Gefühlschaos ist manchmal genau die produktive Irrita-
tion, die wir brauchen – eine Chance, uns über bestimmte
Dinge bewusst zu werden und sie zu verändern.

Wer lebt, macht Fehler.

Und: Ist das Leben nicht eine einzige Blamage?

Also, liebe Leserinnen und Leser: Blamiert Euch!

QUELLENNACHWEIS

Kapitel 1:
Panorama der Peinlichkeiten I – Flirten & Feiern

[1] Justins Sprüchesammlung, in: Susan Black (Hg.), *Justin Timberlake Talking*, Berlin 2004, S. 104.

[2] Birgit Schönau, *Circus Italia. Aus dem Inneren der Unterhaltungsdemokratie*, Berlin 2011, S. 83.

[3] Udo Lindenberg, *Panikpräsident. Die Autobiographie*, München 2004, S. 62.

[4] Beatrix Schnippenkoetter, *Peinlich! 100 Prominente gestehen*, München 2004, S. 211.

[5] Konstantin Wecker, *Die Kunst des Scheiterns*, München 2007, S. 130.

[6] *Neue Zürcher Zeitung Folio* 12/2008.

[7] Michael Fuchs-Gamböck u. a., *Lady Gaga*, München 2010, S. 39.

Kapitel 2:
Was ist überhaupt Peinlichkeit?

[8] Sian Beilock, *Choke*, New York 2010.

[9] Sabine Gräfin von Nayhauß (Hg.), *War das peinlich! Prominente erzählen*, Köln 2001, S. 80 f.

[10] Beatrix Schnippenkoetter, *Peinlich! 100 Prominente gestehen*, München 2004, S. 201.

[11] Manfred Spitzer, *Aufklärung 2.0. Gehirnforschung als Selbsterkenntnis*, Stuttgart 2009, S. 103 ff.

[12] David Foster Wallace, *Schrecklich amüsant – aber in Zukunft ohne mich*, Hamburg 2002, S. 38.

[13] Brandon Hurst, *Keira Knightley*, Berlin 2006, S. 23.

[14] Kurt Cobain, *Tagebücher*, Köln 2002, S. 109.

[15] Jonathan Franzen, *Die Unruhezone. Eine Geschichte von mir*, Reinbek 2007, S. 40.

[16] Norbert Elias, *Über den Prozess der Zivilisation*, Bd. 2, Frankfurt/M. 1994, S. 408.

[17] Léon Wurmser, *Die Maske der Scham*, Berlin 1990, S. 83.

[18] Brigitte Boothe und Wolfgang Marx (Hg.), *Panne – Irrtum – Missgeschick. Die Psychopathologie des Alltagslebens in interdisziplinärer Perspektive*, Bern 2003, S. 12.

[19] Heike Blümner und Jacqueline Thomae, *Eine Frau. Ein Buch*, München 2011, S. 126.

Kapitel 3:
Panorama der Peinlichkeiten II – Peinliche Physis

[20] Brandon Hurst, *Will Smith*, Berlin 2007, S. 24.

[21] Justine Levy über Carla Bruni, *Park Avenue* 3/2008, S. 69.

[22] Christopher Ciccone, *Meine Schwester Madonna und ich*, Berlin 2008, S. 226.

[23] Siri Hustvedt, *Die zitternde Frau. Eine Geschichte meiner Nerven*, Reinbek 2011, S. 9.

Kapitel 4:
Geschichte der Blamage

[24] Norbert Elias, *Über den Prozess der Zivilisation*, Bd. 2, Frankfurt/M. 1994, S. 328.

[25] Eduard Fuchs, *Illustrierte Sittengeschichte in sechs Bänden*, Bd. 3. Die galante Zeit, Frankfurt/M. 1985, S. 48.

[26] Hermann Schreiber, *Marie Antoinette. Die unglückliche Königin*, München 1988, S. 80.

[27] Kate Berridge, *Madame Tussaud*, Berlin 2009, S. 26.

[28] Ebd., S. 144.

[29] Hermann Schreiber, *Marie Antoinette. Die unglückliche Königin*, München 1988, S. 44.

[30] Sabine Appel, *Madame de Staël. Biographie einer berühmten Europäerin*, Düsseldorf 2006, S. 17.

[31] Benjamin Franklin, *Autobiographie*, München 1997, S. 34.

[32] Volker Ullrich, *Napoleon*, Reinbek 2004, S. 83.

[33] Ebd., S. 91 f.

[34] Julius Zeitler, *Deutsche Freundesbriefe aus sechs Jahrhunderten*, Leipzig 1909, S. 77 f.

[35] Gustave Flaubert, *Memoiren eines Irren*, Zürich 2005, S. 192 ff.

[36] Eckart Kleßmann, *Christiane. Goethes Geliebte und Gefährtin*, Zürich 1992, S. 53 und 86 f.

[37] Irene Hardach-Pinke, *Bleichsucht und Blütenträume. Junge Mädchen 1750–1850*, Frankfurt/M. 2000, S. 51 f.

[38] Marianne Wintersteiner, *Die Baronin Bertha von Suttner*, Mühlacker 1984, S. 67.

[39] Mark Twain, *Mark Twain bummelt durch Europa. Aus den Reiseberichten*, München 1967, S. 38 f.

[40] Nicolaus Sombart, *Wilhelm II. Sündenbock und Herr der Mitte*, Berlin 1996, S. 69.

[41] Joachim Radkau, *Das Zeitalter der Nervosität*, München 1998, S. 297.

[42] *Die Reden Kaiser Wilhelms II.*, Johannes Penzler (Hg.), Bd. 2: 1896–1900. Leipzig o. J., S. 209 ff.

[43] Helmut Lethen, *Verhaltenslehren der Kälte*, Frankfurt/M. 1994, S. 70.

[44] Rüdiger Liedtke, *Katastrophenkohl. Pleiten, Flops und*

Peinlichkeiten eines genialen Kanzlers, Frankfurt/M. 1994, S. 5.

[45] *Die Zeit* Nr. 14/2002.

Kapitel 5:
Panorama der Peinlichkeiten III – Total inkompetent

[46] Pelé, *Mein Leben*, Frankfurt/M. 2006, S. 25.

[47] Heiner Lauterbach, *Nichts ausgelassen*, München 2006, S. 45.

[48] John McVicar, *Jude Law*, Berlin 2006, S. 29.

[49] Sabine Gräfin von Nayhauß (Hg.), *War das peinlich! Prominente erzählen*, Köln 2001, S. 75.

[50] Ebd., S. 175.

[51] *Zürcher Studierendenzeitung* 25. 2. 2011.

[52] Sabine Gräfin von Nayhauß (Hg.), *War das peinlich! Prominente erzählen*, Köln 2001, S. 103 ff.

[53] Ebd., S. 99.

[54] Michael Fuchs-Gamböck u. a., *Lady Gaga*, München 2010, S. 129.

Kapitel 6:
Die Welt als Fettnapf

[55] Claudia Joseph, *Prinzessin Kate: Die neue Königin der Herzen*, München 2011, S. 240.

[56] Vitali und Wladimir Klitschko, *Unter Brüdern*, München 2004, S. 108 ff.

[57] Oliver Kahn, *Nummer Eins*, München 2004, S. 116.

Kapitel 7:

Panorama der Peinlichkeiten IV – Peinliche Rollenwechsel

[58] Moritz Freiherr Knigge, *Spielregeln. Wie wir miteinander umgehen sollten*, Bergisch Gladbach 2004, S. 245.

[59] Beatrix Schnippenkoetter, *Peinlich! 100 Prominente gestehen*, München 2004, S. 23

[60] Jonathan Franzen, *Die Unruhezone. Eine Geschichte von mir*, Reinbek 2007, S. 143.

[61] Mark Wells, *Renée Zellweger*, Berlin 2008, S. 17.

[62] Sophie Lees, *Brad Pitt*, Berlin 2008, S. 24.

[63] Zitiert in: Herlinde Koelbl, *Die Meute. Macht und Ohnmacht der Medien*, München 2001, S. 40.

[64] Nina Hagen, *Bekenntnisse*, München 2010, S. 45 f. und S. 184.

[65] John McVicar, *Jude Law*, Berlin 2006, S. 20.

Kapitel 8:

Peinlich prominent

[66] Steffen Burkhardt, *Medienskandale. Zur moralischen Sprengkraft öffentlicher Diskurse*, Köln 2006, S. 386.

[67] Zitiert in: Herlinde Koelbl, *Die Meute. Macht und Ohnmacht der Medien*, München 2001, S. 169.

[68] http://news.bbc.co.uk/2/hi/health/8123741.stm

[69] Zitiert in: Jens Bergmann u. a. (Hg.), *Skandal! Die Macht öffentlicher Empörung*, Köln 2009, S. 236.

[70] Interview im *Tagesspiegel* 9. 4. 2008.

[71] *NZZ am Sonntag* 21. 8. 2011, S. 28 f.

[72] Ebd.

[73] Hans Paul, *Erwischt. Der Promi-Jäger von Hollywood packt aus*, München 2008, S. 31.

[74] Sabine Gräfin von Nayhauß (Hg.), *War das peinlich! Prominente erzählen*, Köln 2001, S. 29.

Kapitel 9:
Panorama der Peinlichkeiten V – Geschmacksverirrungen
[75] *Weltwoche* Nr. 44/2009, S. 47.
[76] Christopher Ciccone, *Meine Schwester Madonna und ich*, Berlin 2008, S. 226.
[77] http://www.n-tv.de [17. 9. 2011]
[78] *FAZ* 11. 4. 2007.
[79] Natalija Geworkjan u. a., *Aus erster Hand. Gespräche mit Wladimir Putin*, München 2000, S. 191.
[80] *Die Zeit* 43/2011, S. 50.
[81] *Spiegel-online* 24. 8. 2011.

Kapitel 10:
Die Panik vor der Peinlichkeit
[82] *Die Zeit* 43/2011, S. 49.
[83] Gillian Butler, *Schüchtern – na und? Selbstsicherheit gewinnen*, Bern 2006, S. 33.
[84] Béatrice Ottersbach u. a. (Hg.), *Schauspieler-Bekenntnisse*, Konstanz 2007, S. 128.
[85] http://www.schuechterne.org/positiv.htm [15. 8. 2011]
[86] http://tu-dresden.de/aktuelles/news/artikel_wittchen/newsarticle_view [9. 9. 2011]
[87] Ulrich Stangier, *Soziale Phobie*, Göttingen 2006, S. 9.
[88] http://www.mhlw.go.jp/english/policy/affairs/dl/04.pdf
[89] Florian Coulmas, »Die Unfähigkeit, allein zu bestehen«, in: *NZZ* 5. 7. 2011.
[90] Miriam Hauser u. a., *Die Super-Opportunisten. Warum*

Twenty-Somethings das Experimentieren zum Lebensstil machen. GDI-Studie Nr. 37, Rüschlikon 2011.

[91] Léon Wurmser, *Maske der Scham*, S. 149.

[92] Adolph Freiherr von Knigge, *Über den Umgang mit Menschen*, Frankfurt/M. 1808, S. 65.

[93] Peter N. Stearns, *American Cool. Constructing a 20th century emotional style*, New York 1994, S. 1

[94] Annette Geiger, »Cool ist out«, in: Annette Geiger u. a. (Hg.), *Coolness. Zur Ästhetik einer kulturellen Strategie und Attitüde*, Bielefeld 2010, S. 91.

[95] Jens Jensen, *Die unerkannte Macht. Peinlichkeit als Faktor der Politik*, Baden-Baden 2007, S. 22.

[96] Hans-Peter Dreitzel, »Peinliche Situationen«, in: Martin Baethge und Wolfgang Eßbach (Hg.), *Soziologie: Entdeckungen im Alltäglichen*. Hans Paul Barth, Festschrift zu seinem 65. Geburtstag. Frankfurt/M., New York 1983, S. 169.

NAMENSREGISTER

Alex Bellos

»*Eines der besten populärwissenschaftlichen Bücher über Mathematik überhaupt.*«
Frankfurter Rundschau

Alex Bellos
Alex im Wunderland der Zahlen

Die Schweden lösen ihre Verkehrsprobleme mit Algebra, unser iPod spielt Lieder keineswegs „zufällig" ab, und ja: es gibt eine todsichere Methode, den Lotto-Jackpot zu knacken – Alex Bellos führt uns auf wunderbare Weise durch das erstaunliche Reich der Zahlen, und seine Begeisterung für die Mathematik leuchtet von jeder Buchseite.

»*Mathematik kann unterhalten, uns zum Staunen bringen und sogar den Laien begeistern. Wer es nicht glaubt, der sollte sich von Alex Bellos eines Besseren belehren lassen.*«
Neue Zürcher Zeitung

BERLIN VERLAG

Weitere Informationen: www.bloomsbury-verlag.de